JN185777

ROE重視のKPIマネジメント教本

公認会計士
松原恭司郎［著］
Kyoshiro Matsubara

日刊工業新聞社

はじめに

出版の背景

本書『ＲＯＥ重視のＫＰＩマネジメント教本』の出版を企画したのは、著者が専門とするバランス・スコアカード（ＢＳＣ）をすぐに本格導入する前に、ＫＰＩ（重要業績評価指標）をマネジメント・レベルで導入し、いわゆる経営の見える化を推進したい、という問い合わせが数年前から入るようになったことがきっかけです。

そして、安倍政権が推進するアベノミクス第三の矢・成長戦略の後押しもあり、上場企業を中心に、資本効率を重視したＫＰＩであるＲＯＥ（自己資本利益率）に再び注目が集まるようになり、一般に論じられているファイナンス理論や財務分析からではなく、ＫＰＩマネジメントという切り口でＲＯＥの向上を考えることの重要性を、読者諸兄に提案したいとの思いからです。

ＲＯＥに対する著者のスタンス

２０１４年から第二次ＲＯＥブームの様相を呈してきましたが、著者は「ＲＯＥは重要ではあるが、ＫＰＩマネジメントの一里塚に過ぎない」とのスタンスをとっています。つまり、

・ＲＯＥは投資家が重視するＫＰＩの一つですが、全てではありません。
・ＲＯＥは経営者が成果を測る総合的ＫＰＩの一つですが、全てではありません。
・重要なのは、ＲＯＥ他が測定する経営成果を達成するためのストーリー、即ちビジネスモデルと戦略の構築、策定と実行です。
・投資家との対話の質を高めるにも、企業価値や株主価値の向上のストーリーつまりビジネスモデルと戦略のコミュニケーションが重要になります。

・今回の政府が主導する一連のＲＯＥ重視のイニシアチブについては、自社のＫＰＩマネジメントの成熟度を高める機会ととらえて積極的に活用することを勧めます。

読者ターゲット

本書は対象読者として、投資家やファイナンスの専門家などに限定することなく、ＲＯＥを中期経営計画の目標に取り込み、ＲＯＥの向上策を検討している経営企画や、経理や財務の担当者、そしてマネジメントを含むビジネスパーソン全般を想定しています。

読者への価値提案

ここに来て、ＲＯＥに関する書籍の出版が相次いでいます。これには、いわゆる「伊藤レポート」の背景を解説したもの、ＲＯＥに注目した株式投資、ＲＯＥに係るファイナンス理論、そしてＲＯＥツリーによる財務分析を解説する書籍などが含まれます。

本書は、成果指標であるＲＯＥをＫＰＩマネジメントの体系の中で捉えて、

・ＲＯＥ、Ｘ％を目指せと言われても、どうやってそれを達成すればよいのか。

・ＲＯＥを向上させるために、現場はどのように努力すべきか。（財務のＫＰＩと非財務ＫＰＩや現場のＫＰＩ連携）

といった、読者の課題に応えるものです。

本書の構成

本書は、

・【ＷＨＹ】　何故、ＲＯＥやＫＰＩが注目され、求められているのか。

・【ＷＨＡＴ】　そもそもＲＯＥやＫＰＩとは何か。

・【ＨＯＷ】　ＲＯＥ他の向上に役立つ思考法やフレームワーク、そしてレシピにはどのようなものがあるのか。ＫＰＩ選定のチェックリスト、そしてＫＰＩマネジメントの成熟度を向上させるとは。
・【ＷＨＡＴ】　視点別のＫＰＩの一覧や注目のＫＰＩの紹介。
といった質問に応えるように7部、21章で構成されています。

謝辞

私はオープンセミナーや企業内研修の場で、本書のテーマであるＲＯＥとＫＰＩマネジメントに関する講演や講義を担当する機会を積極的に持ってきました。その折の研修窓口や受講生の皆さんとのコミュニケーションを通じて学習した経験が、本書の執筆に生かされています。これらの組織ならびに受講者の方々に感謝の意を表します。
また、日刊工業新聞社の鈴木徹　書籍編集部長とは、編著を含めて本書が7作目の著作となります。今回も、企画段階からの適確なアドバイスをいただき、いつも通り遅々として進まぬ原稿を辛抱強くお待ちいただいたことに感謝します。

２０１５年10月
松原恭司郎

CONTENTS

第4部 【HOW】KPIマネジメントのフレームワーク

CONTENTS

第6部 【HOW】 KPIマネジメントの質を高める

第7部 【WHAT】 視点別KPIのショーケース

CONTENTS

第1部

【WHY】ROEを始めとするKPIが注目される背景

- □ 第1章「政府主導の第二次ROEブーム」で、ROEブームの背景ともなったコーポレートガバナンス・コードを始めとするアベノミクスの成長戦略の一連のアクティビティについて解説します。
- □ 第2章「マネジメントによる経営戦略とビジネスモデルの見える化への渇望」では、経営戦略とビジネスモデルの見える化を支えるKPI（重要業績評価指標）について概観し、
- □ 第3章「マルチステークホルダーに対応する『統合報告』」では、マルチステークホルダーとの対話におけるKPIの役割と、「ROEは一里塚にすぎない」ことを紹介します。

第1章 政府主導の第二次ROEブーム

1.1 アベノミクスの成長戦略がドライバー

1）1990年代半ばに起こった第一次ROEブーム

ROEが注目を集めるのは、今回が初めてではありません。1980年代のバブルの崩壊後に銀行などが保有株式を売却し、その一方で日本株保有比率を増大させた外国人投資家が、株主価値の最大化を求めて、資本効率の向上やコーポレートガバナンス（企業統治）の強化を要求したのが1990年半ばの第一次ROEブームです。これがいわゆるアクティビイスト、「モノ言う株主」の登場でした。

2）第二次ROEブームに火をつけたアベノミクスの成長戦略

そして2014年ころから、この「伝統的な」経営指標・KPIであるROEが再び脚光を浴びることになりました。その背景には、安倍政権が掲げる「アベノミクスの第三の矢〜成長戦略」の一連の施策があります。

戦前にはおおむね10％を超えていたとされる日本企業のROEが80年代から低迷が続いており、「ROE最貧国」という言葉も生まれました。

そこで、安倍政権は次に示すように日本企業の稼ぐ力を取り戻すことを掲げたのです。

> 日本企業の「稼ぐ力」、すなわち中長期的な収益性・生産性を高め、その果実を広く国民（家計）に均てんさせるには何が必要か。まずはコーポレートガバナンスの強化により、経営者のマインドを変革し、グローバル水準のＲＯＥの達成等を一つの目安に、グローバル競争に打ち勝つ攻めの経営判断を後押しする仕組みを強化していくことが重要である。

（出典：「『日本再興戦略』改訂２０１４」２０１４年６月24日公表）

つまり、マネジメントは、資本コストを意識してコーポレートガバナンスを強化し、持続的な企業価値向上につなげることが求められ、そのＫＰＩとしてＲＯＥの向上が謳われるようになったのです。

3)「インベストメント・チェーン」という新たなコンセプト

ここで、日本企業の稼ぐ力を取り戻すためにアベノミクスが掲げる成長戦略のアクティビティの大枠を整理しておくことにしましょう。それは「インベストメント・チェーン（投資連鎖）」と呼ばれる全体像に当てはめてみるとスッキリと理解することができます。

物流の領域では、生産者から最終消費者へと供給されるモノの流れとキャッシュフローを効率化するためのコンセプトとして、「サプライチェーン・マネジメント（供給連鎖管理）」や「ディマンドチェーン・マネジメント（需要連鎖管理）」という言葉が用いられてから既に20年近くが経ち、日本でも定着しています。そして、いま投資の領域で「インベストメント・チェーン」というコンセプトがその重要性を増してきました。

経済産業省が２０１４年に発表した「『持続的成長への競争力とインセンティブ』プロジェクトの最終報告書」（いわゆる「伊藤レポート」）によれば、インベストメント・チェーンとは投資家から投資先企業へと向かう投資資金の連鎖を意味し、様々なプレイヤーによる長期的な価値創造を通じて、最終的に家計にまでリターンを還元する一連の流れであると定義されています。

図表1.1　インベストメント・チェーン

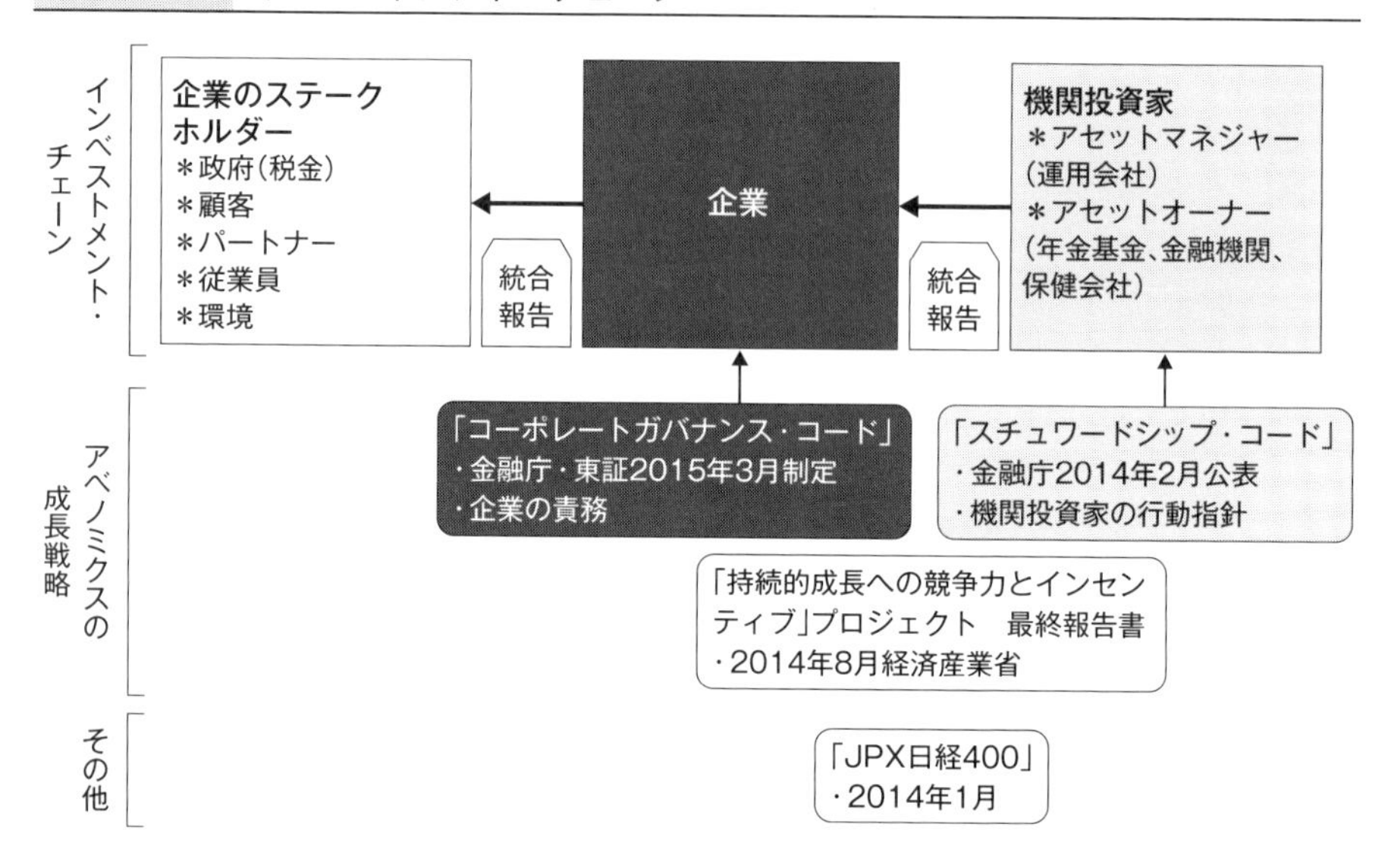

図表1・1は、このインベストメント・チェーンを、アセットオーナー（年金基金、金融機関、保健会社他）やアセットマネジャー（運用会社）などの機関投資家から投資先企業への投資の流れとして示したものです。また、同図表の中ほどに、アベノミクスの成長戦略の一連のアクティビティをインベストメント・チェーンのプレイヤーと対応させて示してあります。

1.2 成長戦略の一連のアクティビティ

1）二つのコードと「伊藤レポート」

アベノミクスの成長戦略に係る一連のアクティビティとして、次の二つのコードが矢継ぎ早に発効されています（**図表１・２参照**）。

①金融庁の日本版スチュワードシップ・コードに関する有識者検討会から「『責任ある機関投資家』の諸原則《日本版スチュワードシップ・コード》」

②金融庁と東京証券取引所から「コーポレートガバナンス・コードの策定に伴う上場制度の整備について」

これらは、コードつまり規律・指針であり、「準拠せよ、さもなくば説明せよ（Comply or explain）」に象徴されるように、違反した場合でも法的な罰則を伴わない「ソフトロー」として設けられました。

③そして、経済産業省からは、「『持続的成長への競争力とインセンティブ』プロジェクト最終報告書」いわゆる「伊藤レポート」が公表されています。

2）「コーポレートガバナンス・コード」の公表

日本国政府は「『日本再興戦略』改訂２０１４（２０１４年６月）」で、「東京証券取引所と金融庁を共同事務局とする有識者会議において２０１４年秋頃までを目途に基本的な考え方を取りまとめ、東証が来年の総会シーズンに間に合うように「コーポレートガバナンス・コード」を策定することを支援する」としました。これを受けて、「コーポレートガバナンス・コードの策定に関する有識者会議」から「コーポレートガバナンス・コードの基本的な考え方（案）」（２０１４年12月）が公表され、２０１５年６月１日から実施さ

図表1.2 二つのコードと「伊藤レポート」

名称	コーポレートガバナンス・コード（企業統治指針）	日本版スチュワードシップ・コード（責任ある機関投資家の諸原則）	伊藤レポート
正式名称	「コーポレートガバナンス・コードの基本的な考え方（案）」	「『責任ある機関投資家』の諸原則《日本版スチュワードシップ・コード》～投資と対話を通じて企業の持続的成長を促すために～」	「持続的成長への競争力とインセンティブ」プロジェクト最終報告書」
公表年月	2015年3月(2015年6月発効)	2014年2月	2014年8月
作成組織	金融庁と東京証券取引所。コーポレートガバナンス・コードの策定に関する有識者会議	金融庁。日本版スチュワードシップ・コードに関する有識者検討会	経済産業省。「持続的成長への競争力とインセンティブ～企業と投資家の望ましい関係構築～」プロジェクト
経緯	政府の成長戦略「『日本再興戦略』改訂2014」2014年6月において 「コーポレートガバナンス・コード」を策定することを支援する」と盛り込まれたことを受けて策定。	政府の成長戦略「『日本再興戦略』2013年6月において、「機関投資家が、対話を通じて企業の長中期的な成長を促すなど、受益者責任を果たすための原則（日本版スチュワードシップ・コード)」について検討を進め、年内に取りまとめることが閣議決定された。	企業が投資家との対話を通じて持続的成長に向けた資金を獲得し、企業価値を高めていくための課題を分析し、提言を行う。
ROE及びKPI関連	特段の記述なし	特段の記述なし	「3.ROEと資本コスト、資本規律」

れています。

このコーポレートガバナンス・コード（企業統治指針）には、ROEや財務のKPIに関する特段の記載はありませんが、ROEやKPIに係るものとして次の記述があります。

①「基本原則5－1」：上場会社は、株主からの対話（面談）の申し込みに対しては、会社の持続的な成長と中長期的な企業価値の向上に資するよう、合理的な範囲で前向きに対処すべきである。

②「基本原則5－2」：経営戦略や経営計画の策定・公表

3)「日本版スチュワードシップ・コード」の公表

日本政府は成長戦略「日本再興戦略」（2013年6月）において、「機関投資家が、対話を通じて企業の長中期的な成長を促すなど、受益者責任を果たすための原則（日本版スチュワードシップ・コード）」について検討を進め、年内に取りまとめることが閣議決定されました。これを受けて、「『責任ある機関投資家』の諸原則《日本版スチュワードシップ・コード》～投資と対話を通じて企業の持続的成長を促すために～」いわゆる「日本版スチュワードシップ・コード」が２０１４年2月に制定されています。

英国では、機関投資家の行動規範として「スチュワードシップ・コード」が２０１０年に制定されており、この「日本版スチュワードシップ・コード」は、これにならう形で作成されたものです。

先の「コーポレートガバナンス・コード」と同様に、スチュワードシップ・コードも、ＲＯＥや財務ＫＰＩに関する別段の記載はありませんが、投資家との対話に関連して次の記述があります。

①「原則３」：機関投資家は、投資先企業の持続的成長に向けてスチュワードシップ責任を適切に果たすため、当該企業の状況を的確に把握すべきである。

②「指針３－３」：把握する内容としては、例えば、投資先企業のガバナンス、企業戦略、業績、資本構造、リスク（社会、環境問題に関連するリスクを含む）への対応など、非財務面の事項を含む様々な事項が想定されるが、（中略）自ら判断を行うべきである。

4）「伊藤レポート」でＲＯＥを強調

これまで紹介した二つのコードは金融庁が関係したものですが、経済産業省からは「持続的成長への競争力とインセンティブ～企業と投資家の望ましい関係構築～」プロジェクトが「持続的成長への競争力とインセンティブ」プロジェクト最終報告書」を、２０１４年8月に公表しています。

これは企業が投資家との対話を通じて持続的成長に向けた資金を獲得し、企業価値を高めていくための課題を分析し、提言を行うことを目的としたもので、英国の「ケイ・レビュー」にならって、座長の伊藤邦雄 一橋大学教授（当時）の名をとって「伊藤レポート」と名づけられました。

原則主義に基づく「コーポレートガバナンス・コード」と「日本版スチュワードシップ・コード」が、ＲＯＥなどの特定の財務ＫＰＩを取り上げていないのに対して、経済産業省の「伊藤レポート」では、具体的なＫＰＩとして、ＲＯＥとその目標値まで提案しているのが特徴的です。

日本企業のＲＯＥは80年代から低迷が始まっており、伊藤レポートでは、本文の「３．ＲＯＥと資本コスト、資本規律」で**図表１・３**を掲載し

図表1.3 ROEの構成要素別 日米欧比較

		ROE	利益率	回転率	レバレッジ
日本	製造業	4.6%	3.7%	0.92	2.32
	非製造業	6.3%	4.0%	1.01	2.80
	合計	5.3%	3.8%	0.96	2.51
米国	製造業	28.9%	11.6%	0.86	2.47
	非製造業	17.6%	9.7%	1.03	2.88
	合計	22.6%	10.5%	0.96	2.69
欧州	製造業	15.2%	9.2%	0.80	2.58
	非製造業	14.8%	8.6%	0.93	3.08
	合計	15.0%	8.9%	0.87	2.86

注1）2012年暦年の本決算実績ベース、金融・不動産除く
注2）対象＝TOPIX500、S&P500、Bloomberg European 500 Index対象の企業のうち、必要なデータを取得できた企業
出典：「持続的成長への競争力とインセンティブ」プロジェクト　最終報告書2014年8月 経済産業省

て、日本の主要企業（ＴＯＰＩＸ５００）のＲＯＥを、米国企業（Ｓ＆Ｐ５００）、欧州企業（Bloomberg Europe５００ Index）と比較して劣っていることを指摘した上で、デュポン分析に従って、ＲＯＥを利益率、回転率、レバレッジの三つの構成要素に分解して、日本企業の資本生産性が低い要因を事業の収益性が低いことにあると分析・提言しています。

さらに踏み込んで、「日本企業はＲＯＥ８％を最低ラインとして、その上を目指すべき」であるとも提言しています。これが、中期経営計画でＲＯＥとその目標値８％を掲げる企業が増加する切っ掛けにもなったのです。

以上を総合すると、今回の第二次ＲＯＥブームとも呼ぶべき流れは、安倍政権が「日本再興戦略」でグローバル水準のＲＯＥの達成を目標に掲げ、これを受けた二つのコードが提案したスタンスを基に、伊藤レポートが具体的にＲＯＥの重要性と、最低８％を掲げたことにあると言えるでしょう。

1.3 ＲＯＥを重視するその他のムーブメント

これまで、アベノミクスの成長戦略に係わる政府主導の一連のアクティビティを見てきましたが、これらに呼応した形で。他にも資本市場ではいくつかのムーブメントが起こってきているので、その主なものを確認しておきましょう。

1）ＲＯＥを重視する「ＪＰＸ日経インデックス４００」の登場

日本経済新聞社、日本取引所グループ、東京証券取引所が共同で新たな株価指数「ＪＰＸ日経インデックス４００（ＪＰＸ日経４００）」を開発しました。この株価指数は２０１４年1月6日から算出が開始されており、対象銘柄は４００銘柄で、その選定は次の4段階に従って行われています。

①スクリーニング（上位１０００銘柄を選定）
②定量的な指標によるスコアリング
③定性的な要素による加点
④構成銘柄の決定

このうちの「②定量的な指標によるスコアリング」では、次の3項目の順位に応じたスコア（1位に１０００点～１０００位に1点）を付与して、総合スコアが算出されています。

①3年平均ＲＯＥ（40％）
②3年累積営業利益（40％）
③選定基準日時点における時価総額（20％）

この選定基準からわかるように、ＪＰＸ日経４００は、資本の効率を重視し、財務レバレッジを利かせることによるＲＯＥ向上ではなく、中期のＲＯＥに重きを置いた新たな株価指数であることがわかります。

2）ＲＯＥ５％以上を求める米議決権行使助言会社の助言方針

さらには、世界最大手の議決権行使助言会社である米ＩＳＳ(Institutional Shareholders Services)社が、２０１５年版の「議決権行使助言方針」の中で、「過去5年間の平均と直近の決算期のＲＯＥがいずれも５％未満の企業について、原則として最高経営責任者（ＣＥＯ）の取締役選任決議に反対することを株主に推奨する」というポリシーを導入しました。

これらを受けて、２０１５年6月の株主総会では、主な運用会社の内の半数で、取締役選任案への反対や棄権の比率が高まったことが報告されています。

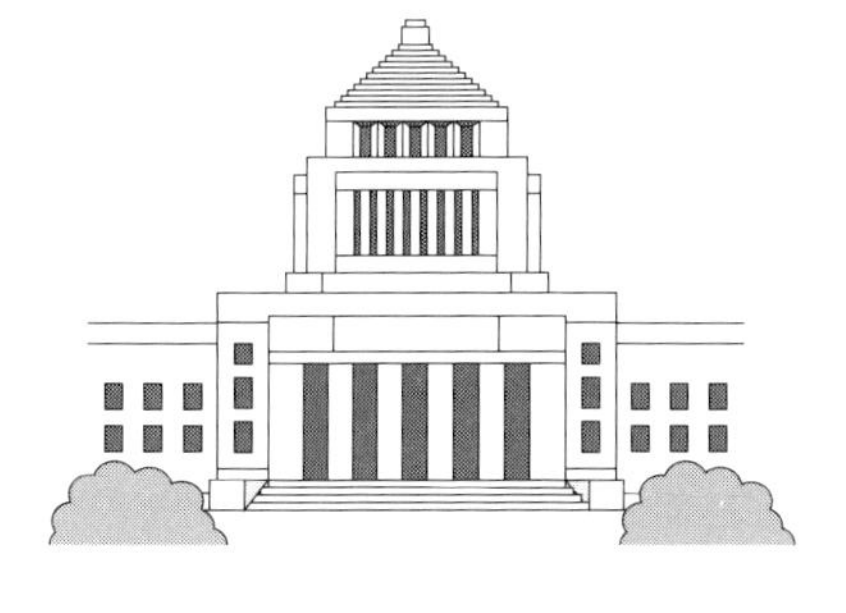

第2章 マネジメントによる経営戦略とビジネスモデルの見える化への渇望

2.1 重要性を増す経営戦略とビジネスモデル

アベノミクスの一連のアクティビティがドライバーとなった政府主導のＲＯＥに対する関心の高まりとは別のムーブメントが、２０１０年ころから始まっています。それは経営戦略とビジネスモデルの見える化への渇望であり、ＲＯＥを含む財務のＫＰＩのみならず、広く非財務のＫＰＩの測定を含むマネジメントサイドの自発的な要求です。

その背景にはグローバル化、ＩＣＴ（情報通信技術）化の急速な進展の下で、マネジメントがビジネスの舵取りをするに当たっての羅針盤を求め始めたことがあります。

まずビジネスモデルと戦略という双方の言葉の定義を確認することから始めましょう。

1）経営戦略とは何か

「経営戦略論」は第二次世界大戦後に生まれた比較的新しい学問領域であり、戦闘の場で研究されてきた戦略のコンセプトをマネジメントの世界に持ち込んだ理論といえるでしょう。資本主義の発展、経済のグローバル化、ＩＣＴの革新などに伴って、多くの経営戦略の事例が出現し、これを解読する数多くの書籍や論文が発表されてきました。

米国の経営戦略学者のミンツバーグによれば、「彼を知り己を知れば、百戦殆うからず」という孫子の兵法を経営に当てはめたとされる「ＳＷＯＴ（強み・弱み・機会・脅威）分析」という環境分析の手法を皮切りに、過去50年間に10の学派が百花繚乱の如くに出現しているとしています。

中でも我々にとって比較的馴染みがあるのは、このＳＷＯＴ分析を提唱したデザイン学派と、日本でその名を冠した賞まで創設されているマイケル・ポーターが属するポジショニング学派、そして、プラハラードとハメルらによるリソース・ベースト・ビューでしょう。

ミンツバーグ自身が「目の不自由な人達と象」の話を引用して、いずれの戦略学派といえども戦略の一部分を見ているにすぎず、戦略の全体像をハッキリと捉えている者はいないと指摘しているように、10の学派の戦略の捉え方は、象の鼻を触って蛇のような動物だ。耳を触って団扇のような動物だ。と表現しているように、実にまちまちです。

ちなみに著者は、「経営戦略とは、将来のビジョンを設定し、それを指定した期間内にどのようにして達成するかを示した計画である。」と定義しています。（拙著『松原流：戦略マップ／ＢＳＣ実践教本』）

2）ビジネスモデルとは何か

ビジネスモデルが登場するのは、２０００年ころのことであり、特にその定義については未だ定説はありません。ここでは、参考のためにいくつかの説を紹介しておくと、次のようになります。

＊ジョアン・マグレッタによれば、ビジネスモデルとは企業がどのように機能するかを説明するストーリーである。ドラッカーの問い「あなたの顧客は誰で、顧客価値は何で、どうやって適切なコストで価値を提供するか」を表すとしています。（“Why Business Models Matter”）

＊また、ジョンソンらは、ビジネスモデルとは、ビジネスが、どのようにして顧客と企業の双方に、価値を創造し、提供するかを表現したものであるとしています。（『ホワイトスペース戦略』）

著者は、「ビジネスモデルとは、顧客と企業の双方に向けた価値創造と提供の仕組みである」と

図表2.1 ビジネスモデルと経営戦略の定義と関係

ビジネスモデル	経営戦略
ビジネスモデルとは、顧客と企業の双方に向けた価値創造と提供の仕組みである。	経営戦略とは、将来のビジョンを設定し、それを指定した期間内にどのようにして達成するかを示した計画である。

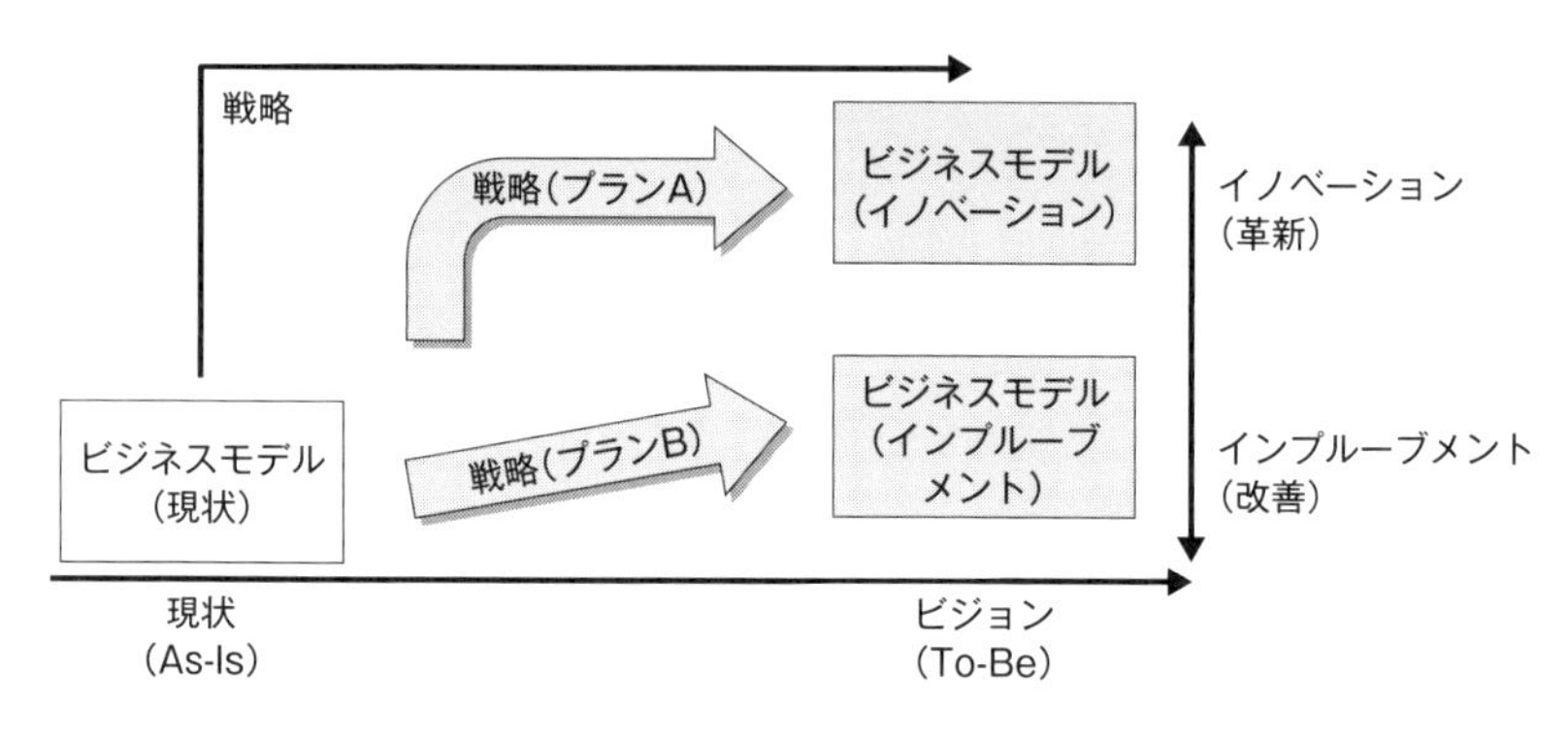

（参照：松原恭司郎『ビジネスモデル・マッピング教本』を参照）

定義しています。（拙著『ビジネスモデル・マッピング教本』）

3）ビジネスモデルと戦略の関係

理論的にも様々な学派による定義が混在している戦略と、未だ定説のないビジネスモデルであるため、双方の関係について明確に論述した文献となると、ますます限られてきます。

著者は、前述のビジネスモデルと戦略の定義を受けて、両者の関係を**図表2・1**に示すように考えています。

ここで14歳のスケートの上手な少女を例にとり、ビジネスモデルと（事業）戦略との関係について少し説明を加えておくことにしましょう。

まず、少女が持っている身体的能力や技術そして才能を棚卸ししてみます。これがビジネスでは、図表2・1の左下にある「ビジネスモデルの現状（As-Is）」ということになります。そして、5年後の冬季オリンピックの具体的なビジョンを描きます。これが図表2・1の右側に示したビジネスではビジョンとなる「ビジネスモデル（To-

Be)」ということになります。

その場合、スケートでもスピード・スケートかフィギュア・スケートか、フィギュア・スケートの中でもペアかソロか…などについて、適性（戦略論のリソース・ベースト・ビュー）や将来のプロとしての活躍の可能性や発展性（戦略論のポジショニング・アプローチ）を検討すると共に、必要な資源の調達可能性などを評価して、図表の中ほどにある「戦略」を練ることになります。

2.2

経営戦略の見える化とＫＰＩ

1)「戦略マップ」を使った戦略の見える化が普及

経営戦略の見える化については、バランス・スコアカード（ＢＳＣ）と戦略マップが、日本を含む世界で最も普及しているフレームワークといってよいでしょう。

ＢＳＣは提唱者であるキャプランとノートンが、１９９０年ころに国際的会計事務所内に設けられた「２１世紀に生き残る組織のための業績評価を検討するプロジェクト」の成果として、「ハーバード・ビジネス・レビュー」誌上で「新しい経営指標〝バランスド・スコアカード〟」として92年に発表し、その後進化、発展してきたマネジメント・コンセプトです。

経営戦略のプロセスは、大きく策定と実行の二つの段階に分けることができます。この内の「戦略の策定」フェーズについては、戦略系コンサルティング会社や研究者等により数々のアプローチや手法が開発され公表されてきているのですが、「戦略の実行」のフェーズを支援するフレームワークはあまり存在していませんでした。そのフェーズへのソリューションとして、受け入れられ発展してきたのがＢＳＣと戦略マップです。

キャプランとノートンは、ＢＳＣを提唱するに先立って、戦略の実行状況に関する調査を欧米で実施しており、その調査結果に基づいて、①ビジョンの壁、②人の壁、③マネジメントの壁、そして④資源の壁という、「戦略の実行を阻む四つの壁」の存在を指摘しています。その有効なソリューションとなるのが、ＢＳＣなのです。

2)「四つの視点」がトレードマーク

ＢＳＣの重要な特徴の一つが、「視点（パースペクティブ：perspective）」です。ＢＳＣといえば即、「四つの視点」（**図表２・２**）が思い浮かぶ

図表2.2　BSCの四つの視点

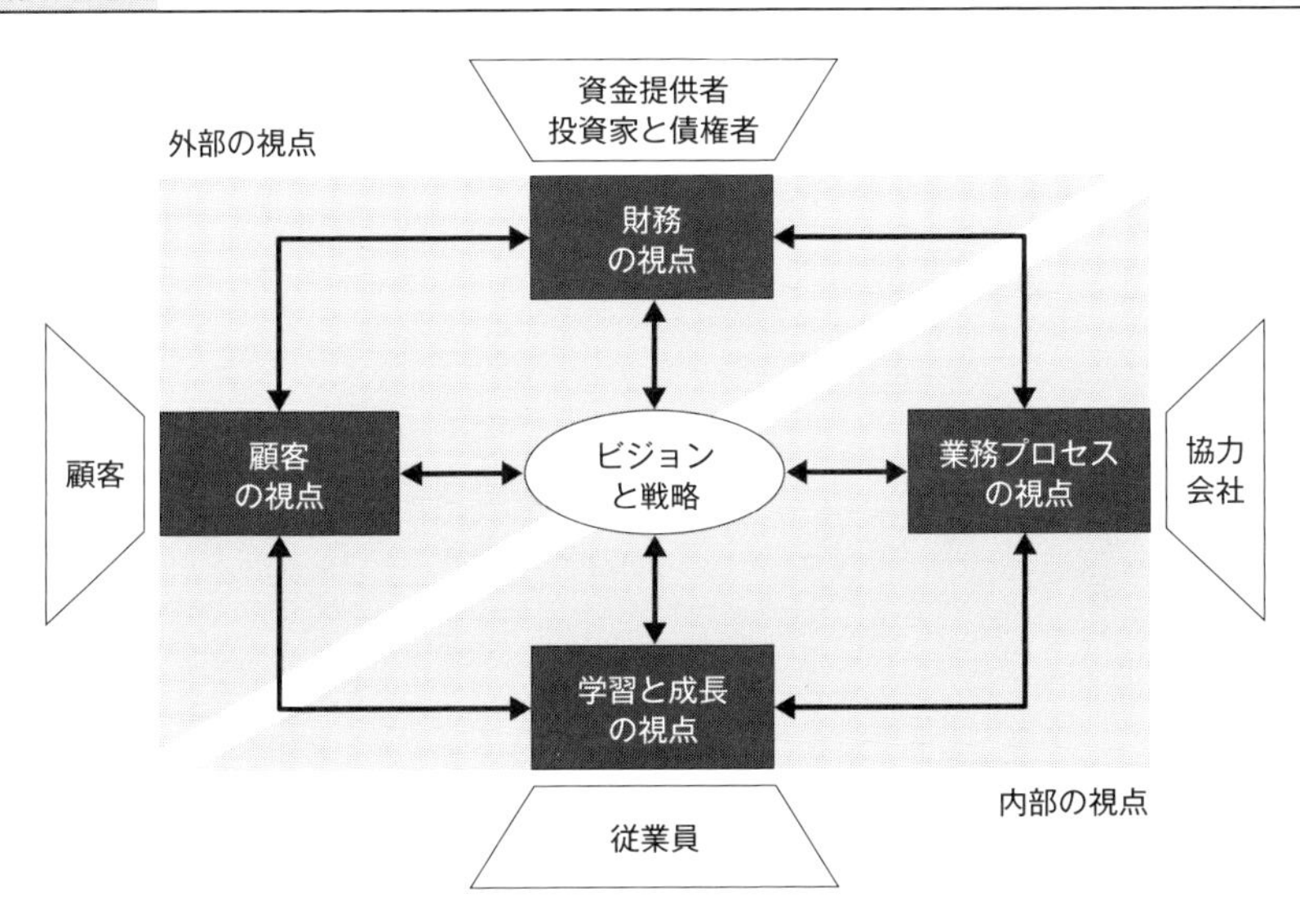

くらいに、この四つの視点はBSCの代名詞ともなっています。

BSCの「四つの視点」とその背後には、

①財務の視点には株主
②顧客の視点には顧客
③業務プロセスの視点にはパートナー
④学習と成長の視点には従業員

というステークホルダーが意識されています。

この四つの視点は、営利組織の戦略を構成する視点としては、非常に汎用性が高く、フレームワークとして活用することができます。

このように「視点」を設定することで、

①業績評価では、ROEに代表される「財務のKPI」に加えて、「非財務のKPI」をバランス良く用いて評価する切り口が与えられます。

また、

②戦略コミュニケーションないし戦略マネジメントとして、ビジョンを達成するための戦略のストーリーをわかりやすく表現するための切り口が与えられるのです。

図表2.3　戦略コミュニケーションの3点セット「戦略マップ+BSC+アクション・プラン」

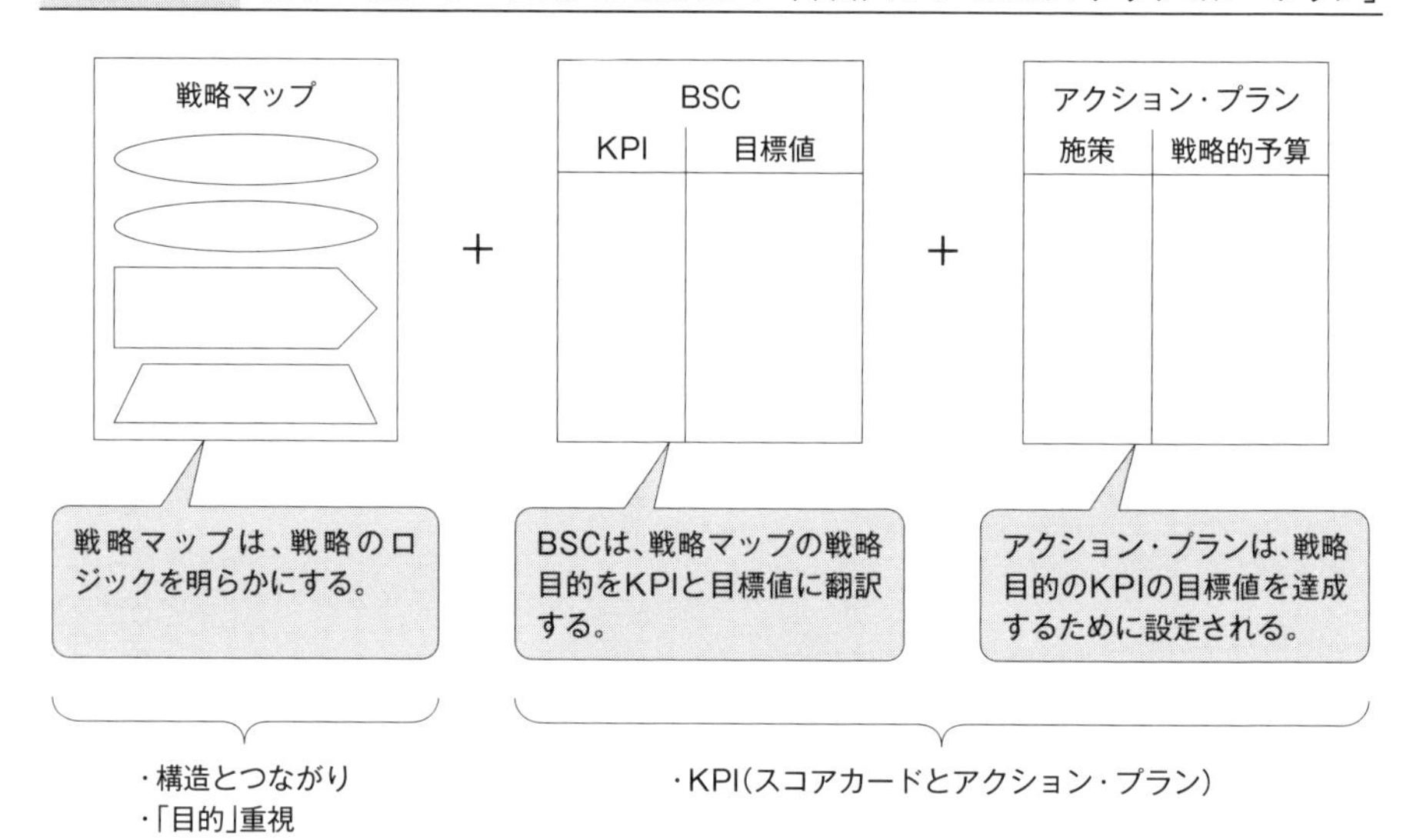

3) 戦略コミュニケーションの3点セット

ＢＳＣはそもそもスコアカードという表形式であるため、視点を跨った戦略目的やＫＰＩ間の「縦の因果関係」を表現するには限界がありました。そこで、ＢＳＣのフレームワークの三番目のフォーマットとして、戦略マップが90年代の終わりころに開発されています。

図表2・3に示した3点セットの中で、直接ＫＰＩを取り扱うのは「ＢＳＣ（スコアカード）」と「アクション・プラン」ですが、戦略マップがストーリーと目的を明確にするため、戦略マップを含めた3点セット全体が重要となります。

2.3 ビジネスモデルの見える化とKPI

次にビジネスモデルの見える化のムーブメントについて紹介することにしましょう。BSCの1992年に比べると未だその歴史は浅いのですが、ビジネスモデルの複雑化などを背景に、見える化のニーズが拡大している領域です。以下にビジネスモデルを見える化する三種類のフレームワークを見てみることにしましょう。

1）先鞭をつけた「四つの箱のビジネスモデル」

ビジネスモデルを構成する要素とそれらの相互関係について、おそらく最初に明確かつシンプルに示したのは、ジョンソン、クリステンセンとカガーマンによる「四つの箱のビジネスモデル（The four-box business model）」（**図表2・4**）でしょう。

ジョンソンらは、ビジネスモデルの主要な構成要素を次の四つであるとしています。

①顧客価値提案（CVP）では、ターゲットとなる顧客を選定し、その顧客に提供する価値を明確にします。

②利益方程式（PF）では、「儲ける仕掛け」の意味するとおり、企業（ビジネス）に価値を提供する方式を明確にします。

そして、顧客と企業（ビジネス）の双方に提供する価値を創造し提供する仕組みとして、

③重要な資源（KR）

④重要なプロセス（KP）

からなる四つの主要な構成要素です。

ここで肝心なのは、ジョンソンが「その内の一つが変化すれば、他の三つの要素全てとシステム全体に影響が及ぶ」（『ホワイトスペース戦略』）としているように、ビジネスモデルを構成する四つの要素の相互補完関係が効率的、効果的であることが良きビジネスモデルの要件としている点で

図表2.4　ジョンソンらの「四つの箱のビジネスモデル」

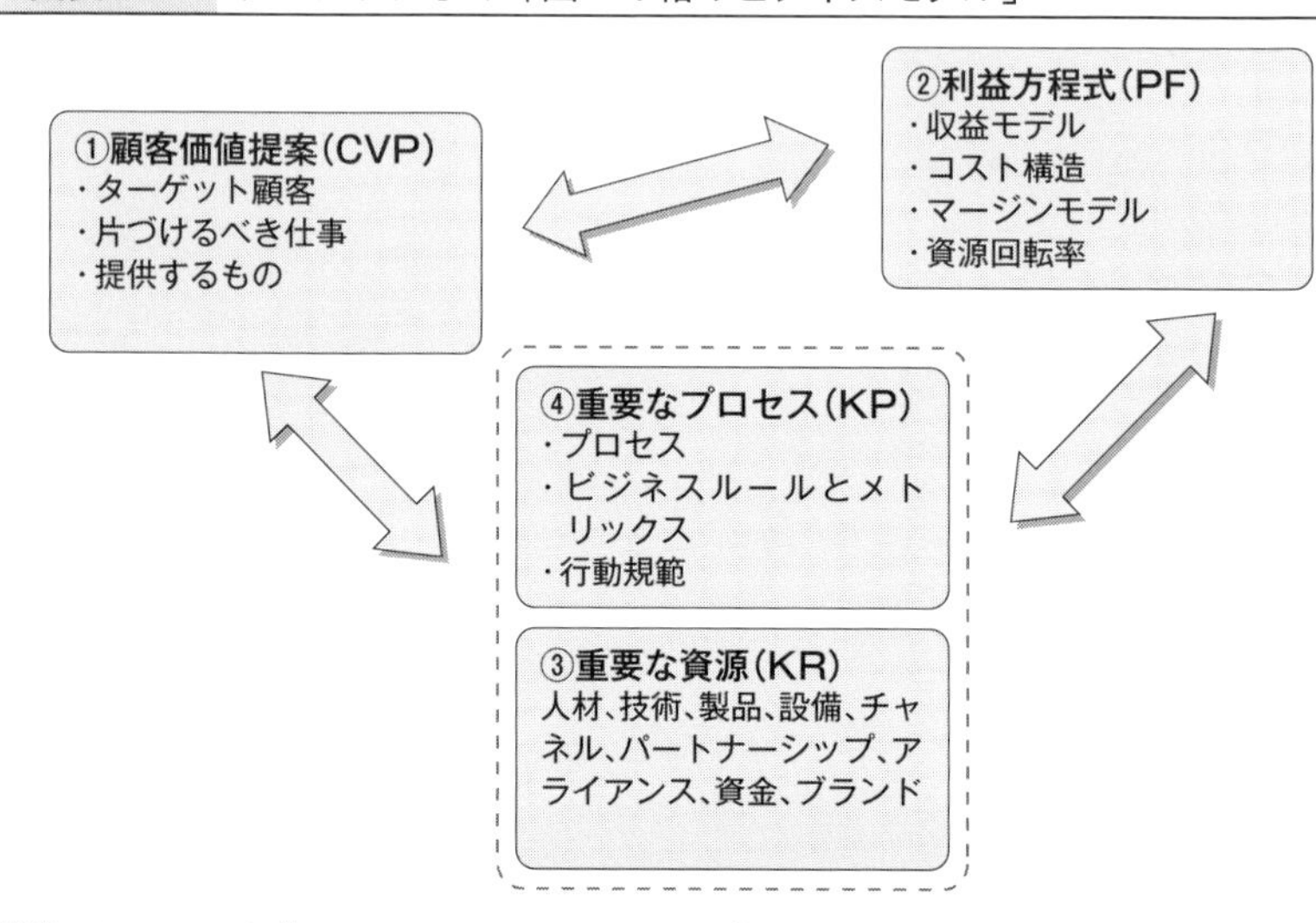

（参照：M. Johnsonら "Reinventing Your Business Model" 他を参考に作成）

す。

このジョンソンらによるビジネスモデルの四分類が、BSCの四つの視点にも呼応していることに気づかれた読者も少なくはないと思います。

2）スタートアップ企業で広がる「ビジネスモデル・キャンバス」

オスターワルダーらが、2010年に出版した『ビジネスモデル・ジェネレーション』で提唱した「ビジネスモデル・キャンバス」が登場しました。このフレームワークは米国シリコンバレーのスタートアップ組織などがビジネスプランに用いるようになり、世界的に普及し始めています。ビジネスモデルの分析、評価、設計を支援する「テンプレート」として、ビジネスモデルのいくつかのパターンを識別しやすくするため、ジョンソンらの四つの要素を細分化して九つのブロックに分けています。

図表2・5の中の①から④までの番号は、前出のジョンソンらによる「四つの箱のビジネスモデル」の基本要素の番号と同義であることを示すために、著者が図表2・4で付した番号を付記した

図表2.5　オスターワルダーらの「ビジネスモデル・キャンバス」

<table>
<tr><td rowspan="2">キー
パートナー
(KP)</td><td>④
主要活動
(KA)</td><td rowspan="2">①
価値提案
(VP)</td><td>顧客関係
(CR)</td><td rowspan="2">①
顧客
セグメント
(CS)</td></tr>
<tr><td>③
主要資源
(KR)</td><td>チャネル
(CH)</td></tr>
<tr><td colspan="2">②
コスト構造
(C$)</td><td colspan="3">②
収益の流れ
(R$)</td></tr>
</table>

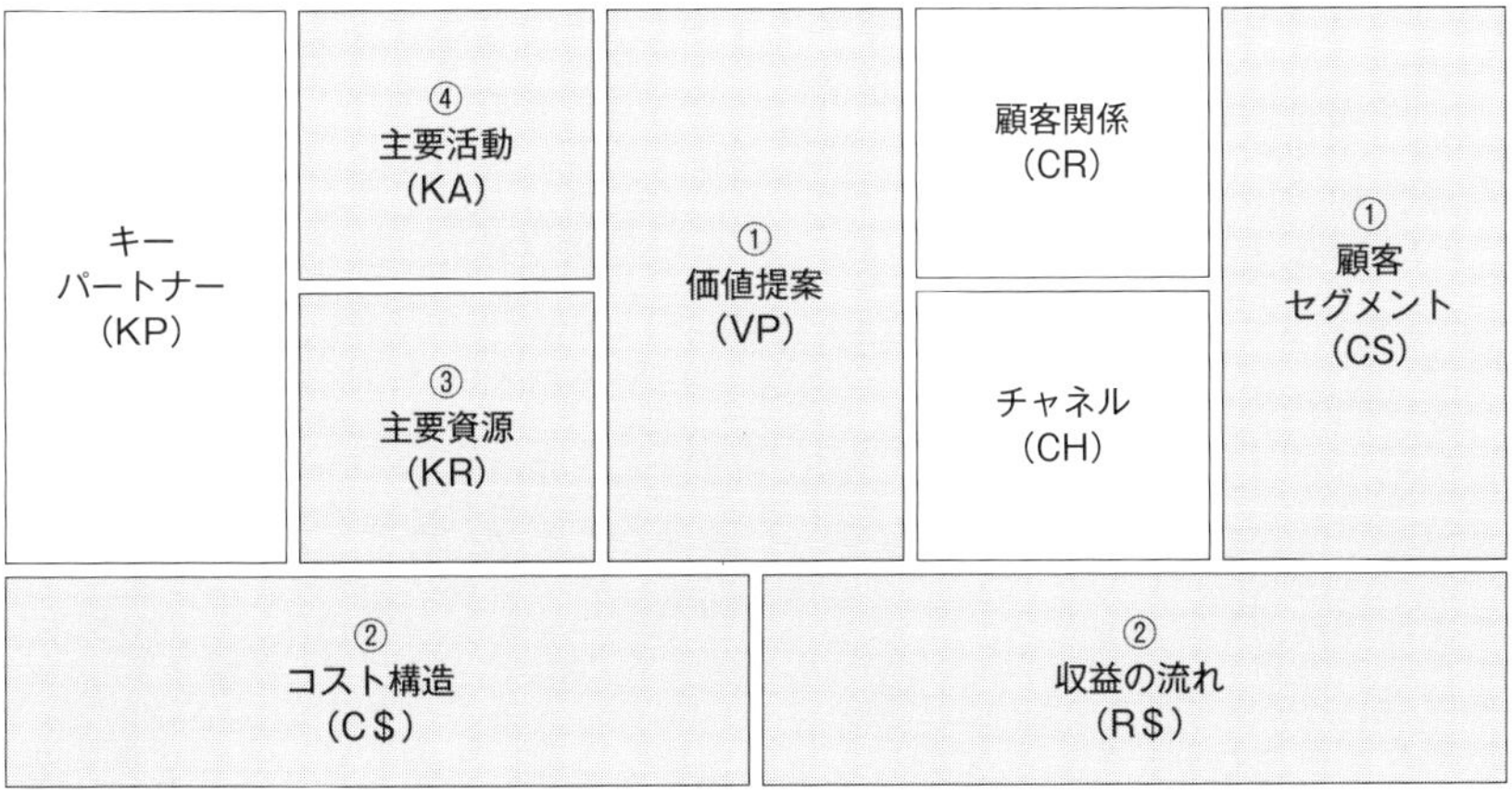

注）番号①〜④はジョンソンらによる「四つの箱のビジネスモデル」に対応させて、著者が付記したものである。
（参照：A. Osterwalder, Y. Pigneur "Business Model Generation" に加筆）

ものです。

ご覧のとおり、ビジネスモデル・キャンバスは、「顧客関係」（四分類では、①顧客価値提案に該当します）と、「チャネル」（同、④重要なプロセスに該当します）、そして「キーパートナー」（同、④重要なプロセスに該当します）を外だししたものです。このように、顧客関係とチャネルを外だしすることで、ダイレクト・セリングのビジネスモデルの特徴が、そして、キーパートナーを外だしすることで、アウトソーシングやオフショアリング、そして協業などを明確に表現することができます。

2.4 戦略とビジネスモデルの連携を目指す「ビジネスモデル・マッピング」

ビジネスモデルを見える化するフレームワークの三つ目が「ビジネスモデル・マッピング（BMM）」のフレームワークです。

BMMは著者がビジネスモデルと（事業）戦略との関係に着目し、戦略のコミュニケーションのフレームワークとして、既に世界的な普及を見ている「戦略マップ／BSC」とフレームワークの構造の共通化を考慮して2013年に出版した『ビジネスモデル・マッピング教本』で提唱したフレームワークです。

図表2・6をご覧ください。BMMには、

①事業がどのようなビジネスモデルのパターンに影響を受けたり、模倣したりしているか、またどのように進化してきたかを見える化する「ビジネスモデル・ツリー（BM-Tree）」と、

②ビジネスモデルの四つの構成要素とそれらの相互関係を示す「ビジネスモデル・マップ（BM-Map）」、

③ビジネスモデルのKPIの設定とモニタリングを通じて評価する「ビジネスモデル・ダッシュボード（BM-DB）」

の三つのフレームワークがあります。

これまで紹介したビジネスモデルの見える化のフレームワークの中で、KPIを前面に出して、取り扱っているのは、このビジネスモデル・マッピングのみといえます。

図表2.6　松原の「ビジネスモデル・マッピング」の三つのフレームワーク

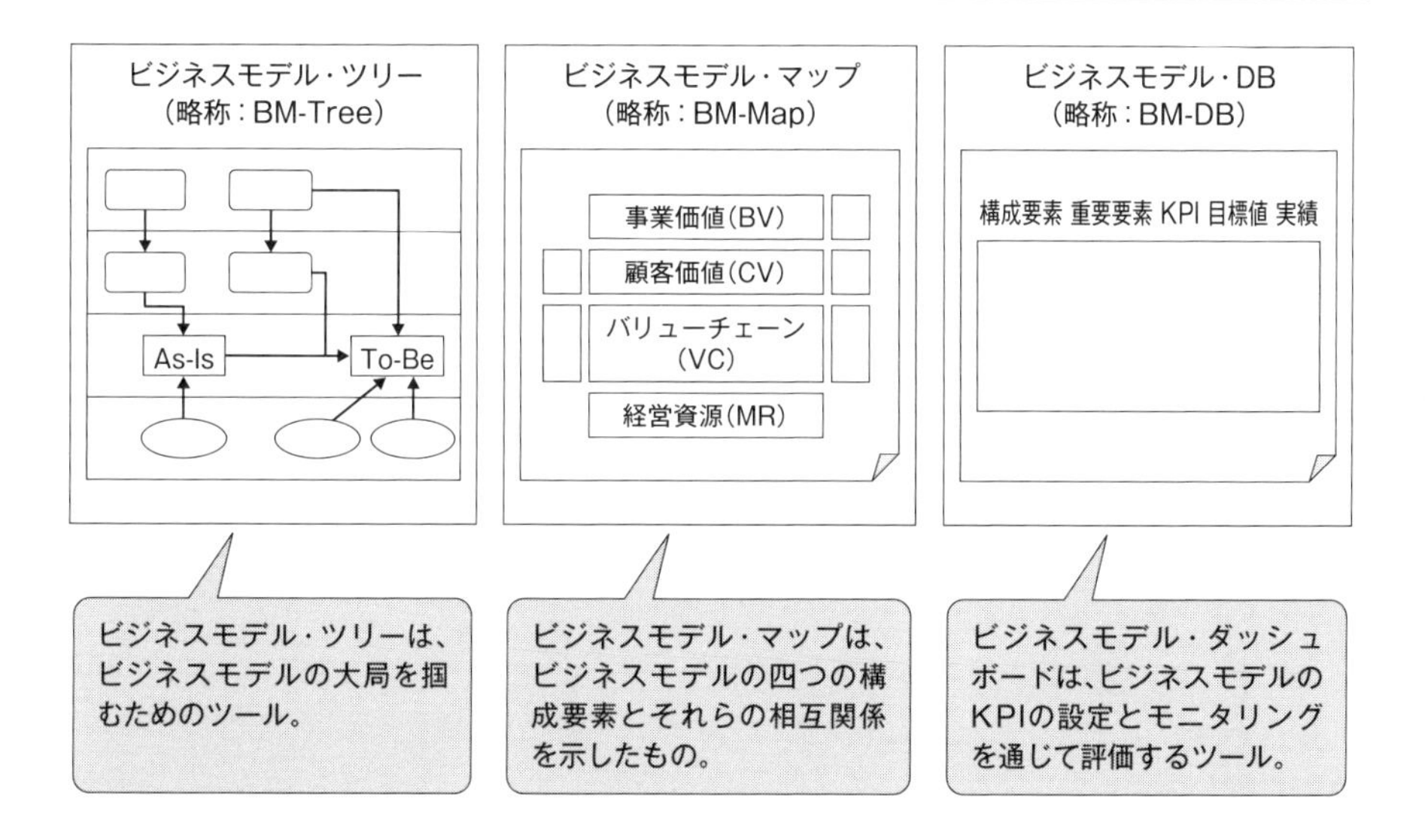

第3章 マルチステークホルダーに対応する「統合報告」

3.1 動き始めた統合報告

1) 統合報告に向けた国際的なうねり

第1章で取り上げた政府主導のムーブメントで強調されているのが資本効率を示すROEの向上ですが、**図表3・1**に示すように、企業を取り巻くステークホルダーは、何も投資家に限ったわけではありません。投資家（「国際統合報告フレームワーク」では「財務資本の提供者」と呼んでいる）を含む、顧客、業者、地域社会、政府などの多様なステークホルダーとの対話の質を高めると期待されているのが「統合報告（Integrated Reporting）」です。

統合報告については、国際統合報告協議会（IIRC）から、2013年12月に「国際統合報告フレームワーク（I〈IR〉フレームワーク）」が公表されたことを契機に、従来のアニュアルレポートとCSR報告書や環境報告書を統合して、ステークホルダーが求める情報をよりコンパクトに提供する報告書を開示する企業が、国際的にも日本国内でも年々増加しています。日本でも2014年には142社が編集方針等で統合報告である旨を表明しており、また2015年には世界で一千社以上、日本で約200社の企業が統合報告書を発行しているとの分析報告があります。

図表3.1　統合報告

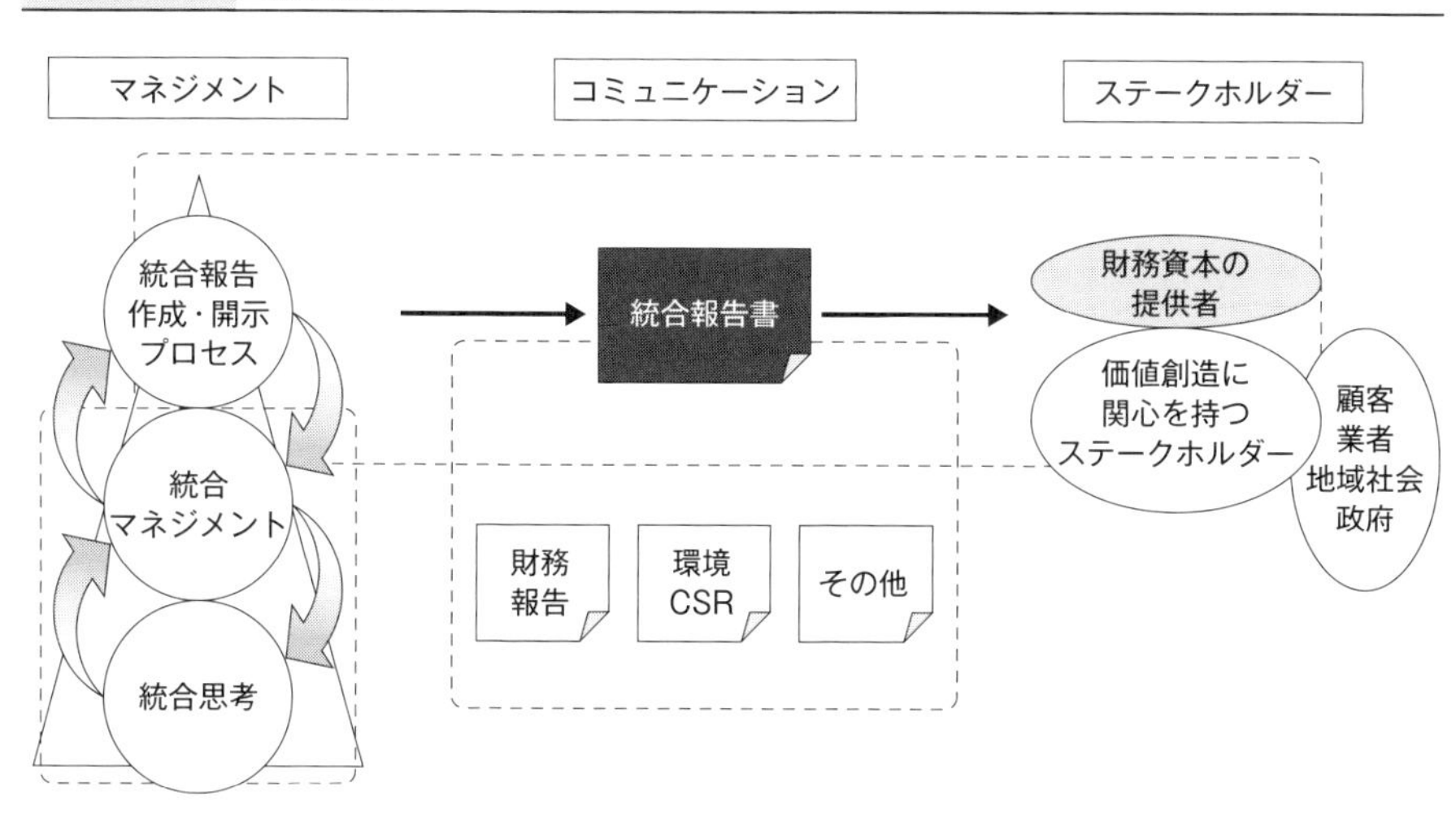

（出典：松原恭司郎『図解「統合報告」の読み方・作り方』）

2) 統合報告で開示される内容とKPI

統合報告書に含まれる内容には、財務情報に加えて、経営環境、ビジネスモデル、戦略、ESG（環境・社会・ガバナンス）などの情報があり、その中には本書のテーマである財務そして非財務のKPIが含まれます。

IIRCが発行し、多くの統合報告の発行体が参照している「国際統合報告フレームワーク」では、統合報告書に掲載される内容要素について原則的な要求が示されました。その開示範囲は、**図表3・2**にまとめてあるように、単に実績だけではなく、ビジネスモデル、戦略、そして将来の見通しまでを含みます。これはまさに、前章で取り上げたビジネスモデルと戦略の見える化の外部公開です。そしてこの中で、F）実績については「統合報告書は次の問いに答えるべきである。組織は当該期間の戦略目的をどの程度達成したか、そして、諸資本への影響の観点でのアウトカムは何か。」と、実績を報告する視点として、**図表3・3**に示した6項目が示されています。これらの情報は、先に解説した「戦略マップ／BSCによるモニタリング」によって把握できます。

図表3.2　統合報告書に掲載される8つの「内容要素」

内容要素	原則主義の要求事項
A）組織の概要と外部環境	4.4 統合報告書は次の問いに答えるべきである：組織は何を行うか、組織がどのような環境において事業を営むのか。
B）ガバナンス	4.8 統合報告書は次の問いに答えるべきである：組織のガバナンス構造が、どのように組織の短期、中期、長期の価値創造能力を担保するか。
C）ビジネスモデル	4.10 統合報告書は次の問いに答えるべきである：組織のビジネスモデルは何か。
D）リスクと機会	4.23 統合報告書は次の問いに答えるべきである：組織の短期、中期、長期の価値創造能力に影響を及ぼす具体的なリスクと機会は何か、また、組織はそれらにどのように対処しているか。
E）戦略と資源配分	4.27 統合報告書は次の問いに答えるべきである：組織は何処へ行きたいのか、そして、そこへどうやって辿り着こうとしているのか。
F）実績	4.30 統合報告書は次の問いに答えるべきである：組織は当該期間の戦略目的をどの程度達成したか、そして、諸資本への影響の観点でのアウトカムは何か。
G）見通し	4.34 統合報告書は次の問いに答えるべきである：組織がその戦略を遂行するに当たり、どのような課題と不確実性に遭遇する可能性が高いか、そして、結果として生ずるビジネスモデルと将来の実績への潜在的な影響は何か。

注）要求事項にある#は「国際統合報告フレームワーク」の項番である。
（参照：「国際統合報告フレームワーク」【4】を参照し作成）

図表3.3　実績報告の視点と戦略マップ／BSC

実績を報告する視点	戦略マップ／BSCによる対応	
	対応	コメント
①定量的情報と定性的情報の双方	○	戦略マップによるストーリー表現
②目標達成度	○	目標値に対する実績の達成度
③過去、現在、将来	○	時間軸
④ステークホルダーとの関係性	○	四つの視点と関連するステークホルダー
⑤非財務と財務との因果関係	○	四つの視点間の因果関係
⑥法規制の制約などのコメント	N/A	

（参照：「国際統合報告フレームワーク」【4.31】を参照し作成）

3.2 ROEは一里塚にすぎない

1）投資家はROEや財務KPIだけを知りたがっているわけではない

昨今の日本では、アベノミクスの一連のアクティビティから、資本効率の向上に向けた財務のKPIであるROEにことさらスポットライトが当たっている感があります。

一方、欧米企業に目を向けると、財務のKPIについても「ROIC（投下資本利益率）」、「売上高オーガニック成長率」（事業買収や為替変動などの影響を除いた成長率）を示すなど、各企業のビジネスや戦略に合わせたKPIを公表しており、画一的にROEを開示している企業はむしろ少ないという報告があります。

「山を動かす」研究会の分析によれば、分析対象とした海外の有力企業は、それぞれの経営方針に沿った経営指標を採用しており、ROEを全社目標とする企業は調査対象とした30社の中には皆無であったと指摘しています。（『ROE最貧国日本を変える』）

このことから、ROEを重視し、中期経営計画などでROEとその目標値の開示を進める今回の日本企業による一連の動きは、KPIマネジメントや企業情報の開示としては、ワンステップととらえることが適切でしょう。

2）オペレーショナルとESGのKPIの開示要求

世界四大監査法人の一つプライスウォーターハウス・クーパース（PwC）が公表している世界各国のプロ投資家85人へのインタビューに基づく調査報告（2014年9月）によれば、プロの投資家は、アニュアルレポートや統合報告書に代表される企業情報に関して、

・KPIと戦略的優先課題との関係

・ＫＰＩとビジネスモデルの関係
・ＫＰＩの選定理由
・ＫＰＩと報酬の関係
などを明らかにすることを求めているとしています。

また、重視するＫＰＩのタイプとして、「財務のＫＰＩ」の85％に加えて、「非財務のＫＰＩ」の内の「オペレーショナルＫＰＩ」が82％、そして「ＥＳＧに関するＫＰＩ」が54％であると回答しており、非財務のＫＰＩを重視する姿勢が見て取れます。

さらに、ＲＯＥを強調しているように見える経済産業省の「伊藤レポート」でも、投資家との対話に関連して、「持続的成長に向けた企業開示のあり方」の箇所で、『企業と投資家の対話の基礎となる情報開示や報告の新たな動きの一つとして「統合報告」があります。』と統合報告を紹介しています。

第2部

【WHAT】ROEとROAのショーケース

- □ 第4章「ROE・ROAを理解するための前提知識」として、財務諸表の構造と、ROE・ROAを理解するために押さえておくべき財務諸表のポイントを概観し、併せて、資本コストの概念について解説します。
- □ 第5章「ROE・ROAのショーケース」では、ROE・ROAを含む主な総合経営指標について、「KPIディクショナリー」を用いて解説します。

第4章 ROE・ROAを理解するための前提知識

4.1 財務諸表とその構造

ROE（自己資本利益率）を含む財務のKPIと、「ROEツリー」などの財務分析を理解するためには、その分析対象となる「財務諸表」の構造と相互の関係を押さえておくことが重要です。

1）財務3表

組織体の活動は、複式簿記という技法を使って財務数値で測定されます。会計上の取引を、借方（左側）と貸方（右側）で二面的に捉えることから「複式簿記」と呼ばれています。この複式簿記により記録された帳簿の数値は、**図表4・1**に示した貸借対照表（B／S）、損益計算書（P／L）

図表4.1　財務3表

財務諸表の名称	略称	概要
貸借対照表	B/S	組織体の一時点における財政状態を示す計算書
損益計算書	P/L	組織体の一定期間における経営成績（つまり収益から費用を差し引いた利益がどのように出てきたか）示す計算書
キャッシュフロー計算書	C/F CFS	組織体の一定期間における資金の出し入れを示す計算書

図表4.2　事業活動と貸借対照表・損益計算書の関係

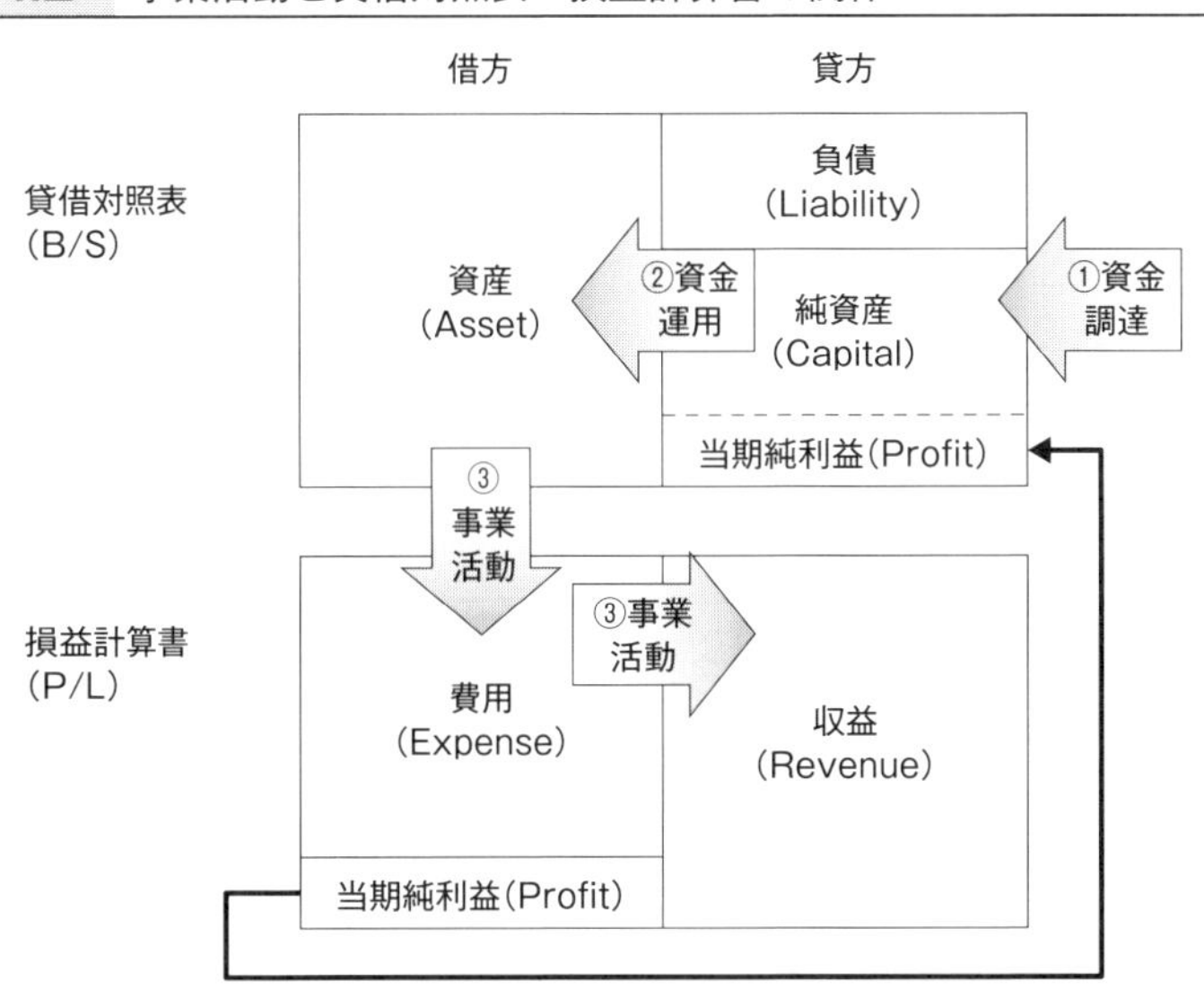

そしてキャッシュフロー計算書（C／F）という財務諸表に取りまとめられ、内部管理に加えて、株式公開企業の場合には外部報告としても提供されています。財務諸表には、このほかに「株主資本等変動報告書」がありますが、先の三つの財務諸表を、特に「財務3表」と呼んでいます。

2）事業活動と貸借対照表・損益計算書の関係

事業活動が財務諸表、とりわけ貸借対照表と損益計算書にどのように反映されるのかについて確認しておくことにしましょう。

ここでは、あなたが新規に起業するケースを想定して、事業活動の動きが、どのように貸借対照表と損益計算書に反映されるのかについて見てみましょう。**図表4・2**は、事業活動と貸借対照表・損益計算書の関係を示したものです。

①資金の調達

あなた自身を含む株主が拠出した資金は、貸借対照表の右側（複式簿記では「貸方」と呼びます）の「純資産（Capital）の部」に計上されます。

事業に必要な資金を株主が拠出した額でまかな

いきれない場合などには、銀行などから借り入れを行うことになります。これは貸借対照表の貸方の「負債（Liability）の部」に計上されます。このように、貸借対照表の貸方は、「資金調達の源泉」を示しています。

調達された資金、例えば普通預金は貸借対照表の左側（簿記では「借方」と呼びます）の「資産（Asset）の部」に計上されます。

②資金の運用と③事業活動の実施

先の銀行からの借入には支払利息が発生します。これと同様に出資者である株主に対しては配当（インカム・ゲイン）や株式評価額の増大（キャピタル・ゲイン）などによって株主還元をすることが求められます。これらは資本調達に係るコストということで「資本コスト」と呼ばれています。

そもそも起業の目的は、計画した事業を営み価値を提供することです。そのためには、調達した資金を事業に投資し運用しなければなりません。

まず、普通預金を取り崩して、店舗を借り、店舗の内装を整え、そして商品を仕入れることになるでしょう。これらは、保証金、器具備品や棚卸資産などの資産として、貸借対照表の借方の「資産の部」に記録されます。商品が売れると、その売上金額は、損益計算書（図は勘定式損益計算書と呼ばれる様式です）の貸方の「収益（Revenue）」に計上されます。そして、この売上高の対象となった商品は売上原価として、そして販売を担当した販売員の人件費や、店舗の内装の減価償却費、そして水道光熱費などは、販売費一般管理費として損益計算書の借方に「費用（Expense）」として計上されます。さらに、税金等を控除した後の「当期純利益（または当期純損失）」は、貸借対照表の「純資産（Capital）」の部に加減されます。

4.2 ROE・ROAについて押さえておくべき財務諸表のポイント

事業活動と財務諸表の構造の大枠を捉えたところで、これから、ROE（自己資本利益率）とROA（総資本利益率）を理解する上で、押さえておくべき財務諸表のポイントを確認しておくことにしましょう。

1）貸借対照表上の三つの資本：株主資本、自己資本、純資産

まず始めに、ROEとROAの分母にあたる貸借対照表の貸方から始めることにしましょう。

日本では企業会計基準委員会（ASBJ）が発行する会計基準により「純資産の部」の表示は、**図表4・3**に示すように分類されています。

そこで、特にROEを計算する場合に注意するべき点は、「純資産の部」の「株主資本」と「自己資本」と「純資産」のいずれを対象とするかということです。

ROEのEは「エクイティ（Equity）」つまり株主資本ですから、従来ROEは「株主資本利益率」と訳されていたのですが、上述の会計基準に従って、ROEの分母は株主資本ではなく自己資本、つまり（純資産－新株予約権－少数株主持分）を活用することになりました。そこで日本語訳についても、「自己資本利益率」が用いることになります。その理由は、資本効率を示すROEの分母は、「親会社の既存株主の立場から見た資本」を採用するために、ストックオプションなど前もって定められた価格で株式を購入できる権利など将来の株主に帰属する「Ⅲ．新株予約権」と、子会社の少数株主に帰属する純資産である「Ⅳ．少数株主持分」を控除した後の数値を用いるためです。

図表4.3　貸借対照表の「純資産の部」の構成

純資産	自己資本 （親会社の既存株主に帰属する資本）	株主資本	Ⅰ　株主資本 1．資本金 2．資本剰余金 3．利益剰余金 4．自己株式 株式資本合計	ROE
			Ⅱ　評価・換算差額 1．その他有価証券評価差額金 2．繰り延べヘッジ損益 3．土地再評価額金 4．為替換算調整勘定 評価・換算差額等合計	
	（将来の株主に帰属）		Ⅲ　新株予約権	
	（子会社の少数株主に帰属）		Ⅳ　少数株主持分 純資産合計	

2）損益計算書の構造と利益概念

図表4・4は、報告式の一般的な損益計算書の構成を示したものです。

売上高から売上原価を差し引いて「①売上総利益」を表示します。そして販売に要した販売費及び一般管理費（略して販管費）を差し引いて本業の儲けを表す「②営業利益」が表示されます。次に、預貯金の利息と借入金などの有利子負債の金利などの営業外収益と費用を加減して「③経常利益」が算出されます。

「ROA（総資本利益率）」の分母の総資本には負債が含まれるため、分子の利益としては、一般に負債の金利を差し引いた後の経常利益を用いています。

さらに、特別利益と損失そして法人税等など控除した最終利益が「⑤当期純利益」です。この当期純利益は、損益計算書の最終行に示されるため、英語で「ボトムライン（Bottom-line）」と呼ばれ、肝心かなめの最重要項目の意味としても使われています。

以上のことから、ROEは自己資本**当期純**利益率、またROAは総資本**経常**利益率とされ、次の

図表4.4　損益計算書の構造利益概念とROA、ROE

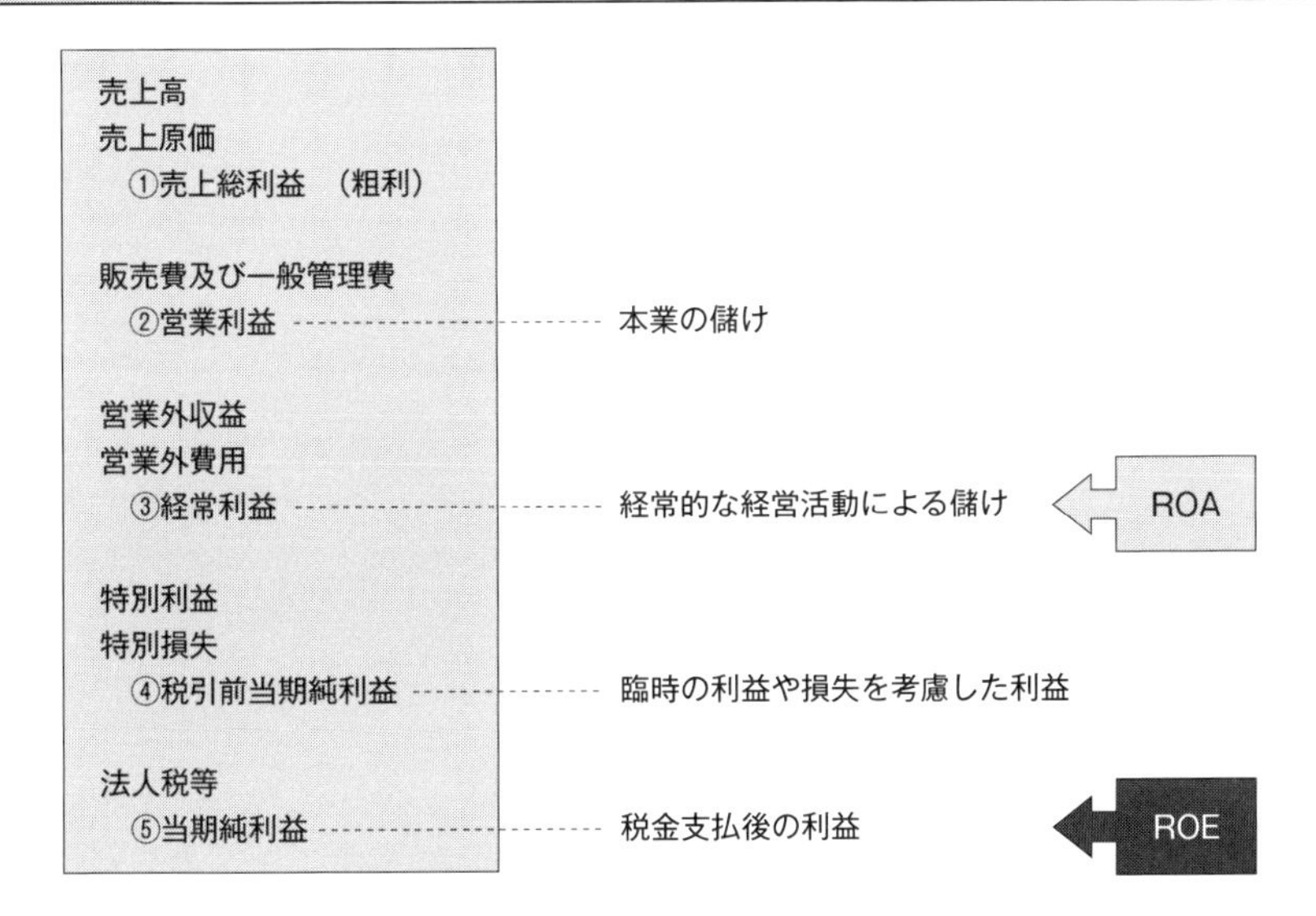

計算式により算出されます。

ROE＝当期純利益÷自己資本
＊自己資本＝純資産－新株予約権－少数株主持分
ROA＝経常利益÷総資本

図表4.5 資本の調達と運用

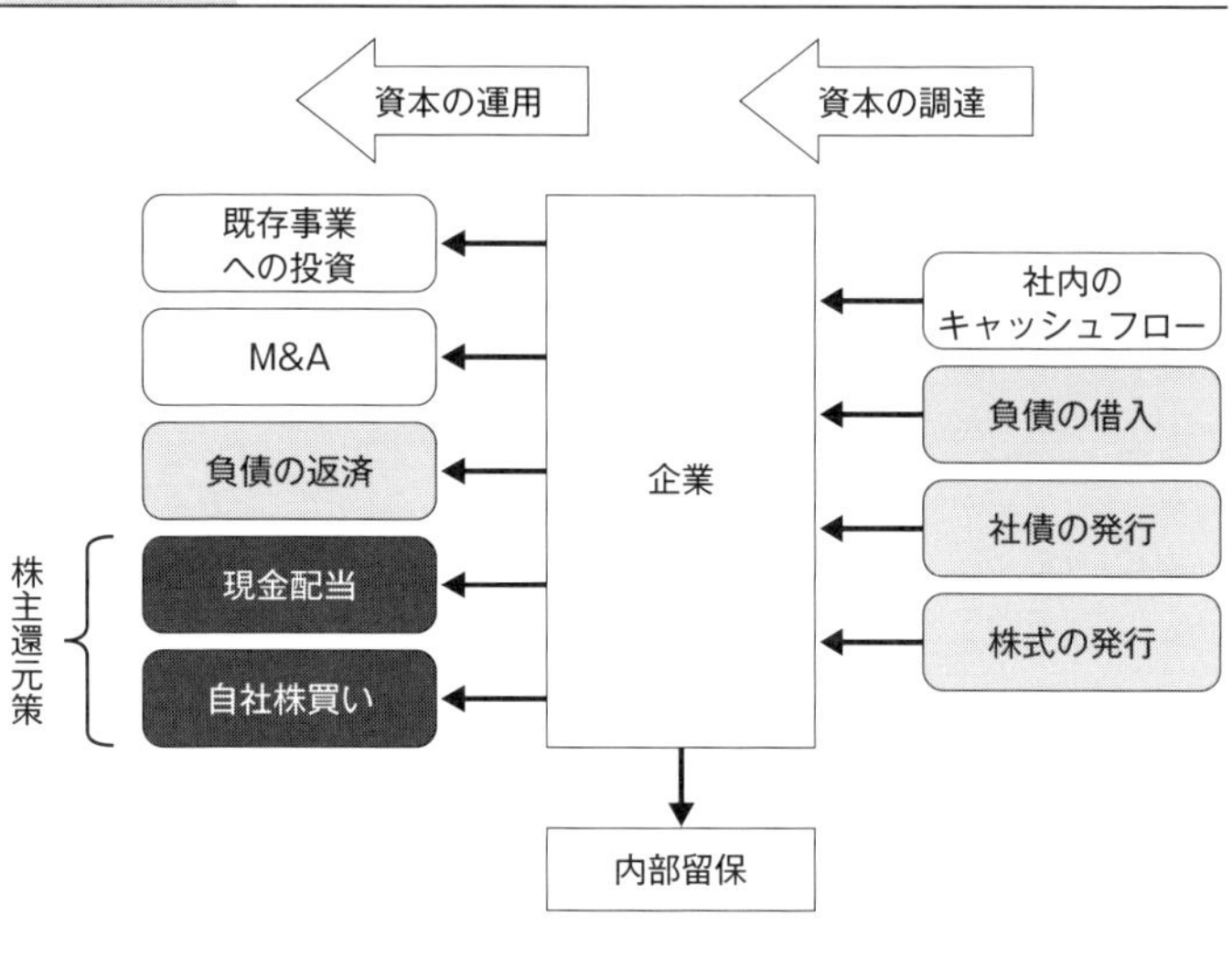

（参照：「山を動かす」研究会編『ROE最貧国　日本を変える』を参照し作成）

1）資本の調達と運用

図表4・5は、企業による資本（資金）の調達と運用の概要を示しています。

図表の右サイドが「資本の調達」で、社内のキャッシュフロー、負債の借入や社債の発行、そして株式の発行などの調達方法があります。そして図表の左サイドが「資本の運用」で、事業への投資、M&A、負債の返済、配当そして自社株買いなどの方法があります。

このうちの現金配当と自社株買いの二種類が株主還元策（ペイアウト策）であり、「現金配当」が権利を有する株主の全てを対象に支払われるものであるのに対して、「自社株買い」は市場に流通している自社の株式を購入することで、自社株買いに応じて株を売る株主に対して実行されるものです。

2）資本コスト

資本の調達にはコストがかかります。これを「資本コスト（Cost of capital）」といいます。

資本コストには、株主資本の調達に係るコストである「株主資本コスト」と、負債と純資産の全体の調達に係るコストである「ＷＡＣＣ（Weighted average of cost of capital：加重平均資本コスト）」があります。

株主資本コストは、株主の期待利回りとして、通常、無リスクの国債の金利＋リスクプレミアムであるといわれています。ここでリスクプレミアムは企業の財政状態などにより異なりますが、無リスク金利を現在の10年国債利回りと同水準の０・５％とすると、株主資本コストは、６・５〜９・５％となり、中間値は８％であるとされています。これが、先の「伊藤レポート」にある「ＲＯＥ目標８％の根拠」ともなっています。

3）株主還元策とＫＰＩ

企業としての資本の運用は、本来既存事業への投資やＭ＆Ａに向けられてこそ、中長期的な企業価値と株主価値の向上が期待できるのです。それを、積極的に株主に還元するということは、経営者が資本コストを上回るＲＯＥを達成できませんと言っていることを意味します。

日本企業の配当性向は20〜30％に集中し安定型が主流となっているのに対して、米国企業の配当性向は、成長ステージに合わせて個別に決定する業績連動型の傾向を示しています。

4）自社株買いは財務レバレッジ向上の即効薬

自社株買いについては、次に掲げる一連の規制の緩和が取られてきました。

・商法改正が１９９４年と１９９７年に実施され、自社株買いに関する規制が緩和。
・２００１年に金庫株制度が認められ、特に目的を定めない自社株式の取得が可能となった。
・２００３年には、あらかじめ定款に記載すれば、株主総会決議ではなく取締役会決議だけで機動的に自社株買いが行えるようになった。

そのため自社株買いは、ＲＯＥの三つの構成要素の一つ財務レバレッジの向上に直結する手法として活用できるのです。

図表4.6　株主還元関連のKPI

株主還元関連のKPI	計算式
配当性向	(配当 ÷ 当期純利益) × 100%
総還元性向	((配当+自社株買い) ÷ 当期純利益) × 100%
DOE(自己資本配当率;Dividend on equity)	(配当 ÷ 自己資本) × 100%

自社株は、会計上は貸借対照表の「純資産の部」の株主資本のマイナス項目として計上されます(図表4・3のI 4.自己株式参照)。将来消却された場合には、発行済株式数が減少するため1株あたり利益が増えて、株主価値が向上します。また、市場では、増配や自社株買いを経営者の業績に対する自信の表明と受け止められており、これは「アナウンス効果」と呼ばれています。

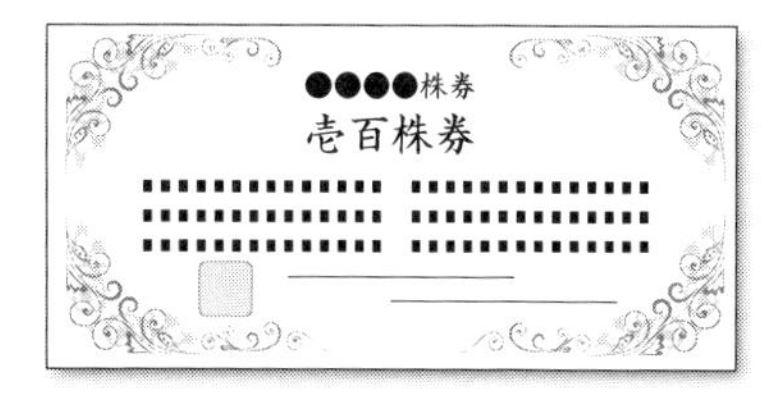
●●●●株券
壱百株券

第5章　ROE・ROAのショーケース

5.1　総合経営指標の設計

1) ROEとROAの分析

ROEとROAは共に財務のKPIであり、ROAは、事業の収益性を判断する総合指標であり、マネジメントが最も注視すべきKPIの一つです。また、ROEは、株主資本の投資効率を測るKPIであり、投資家が最も注視するKPIの一つです。

1・2-4)項の「伊藤レポート」の解説と、第4章の前提知識でも触れましたが、**図表5・1**に示すように、ROAは利益率と資本回転率の二つの構成要素に、そしてROEは、利益率と資本回転率に加えて「レバレッジ比率」の三つの構成要素に分解され、更に財務諸表上のカテゴリーや勘定科目に分解することにより、結果のKPIであるROEとROAの要因分析を行い、改善策を検討するために用いられます。

化学メーカーの米デュポン社が開発した管理会計のツールであるためデュポン・ツリーとも呼ばれる「ROEツリー分解」については、第10章で詳しく検討します。

2)「財務レバレッジ」をかける

「レバレッジ」とは「てこ」を意味する英語です。「人のふんどしで相撲をとる」ということわ

図表5.1　ROEとROAの分解

ROE（自己資本利益率）	=	当期純利益 / 自己資本	=	当期純利益 / 売上高	×	売上高 / 総資本	×	総資本 / 自己資本
				利益率		資本回転率		レバレッジ比率
ROA（総資本利益率）	=	経常利益 / 総資本	=	経常利益 / 売上高	×	売上高 / 総資本		

ざがありますが、「財務レバレッジ」とは、**図表5・2**に示すように、資産が自己資本の何倍になっているか、つまり負債の活用度を測る指標です。

ＲＯＥの三つの構成要素のうち、利益率と資本回転率はビジネスモデルなどの構造に起因するため、その改善や改革には、相応の時間を要することになります。そこで、ＲＯＥ向上の短期的な処置として、自社株買いや配当の実施により、この「財務レバレッジ」を改善させる方法がとられることがあります。

ここで注意すべき点は、「財務レバレッジ」の逆数は、財務の安全性や健全性を示す「自己資本比率」（自己資本÷総資本）であるという点です。財務レバレッジが高いということは、裏を返せば自己資本比率が低く、従って財務基盤が脆弱であることを意味するのです。

バブル崩壊後の日本企業の資金調達方法が、間接金融から直接金融に移行するに伴って、それまでの銀行からの借入などに代わって、株主資本が中心的な資本に位置づけられるようになり、利息

図表5.2　財務レバレッジ

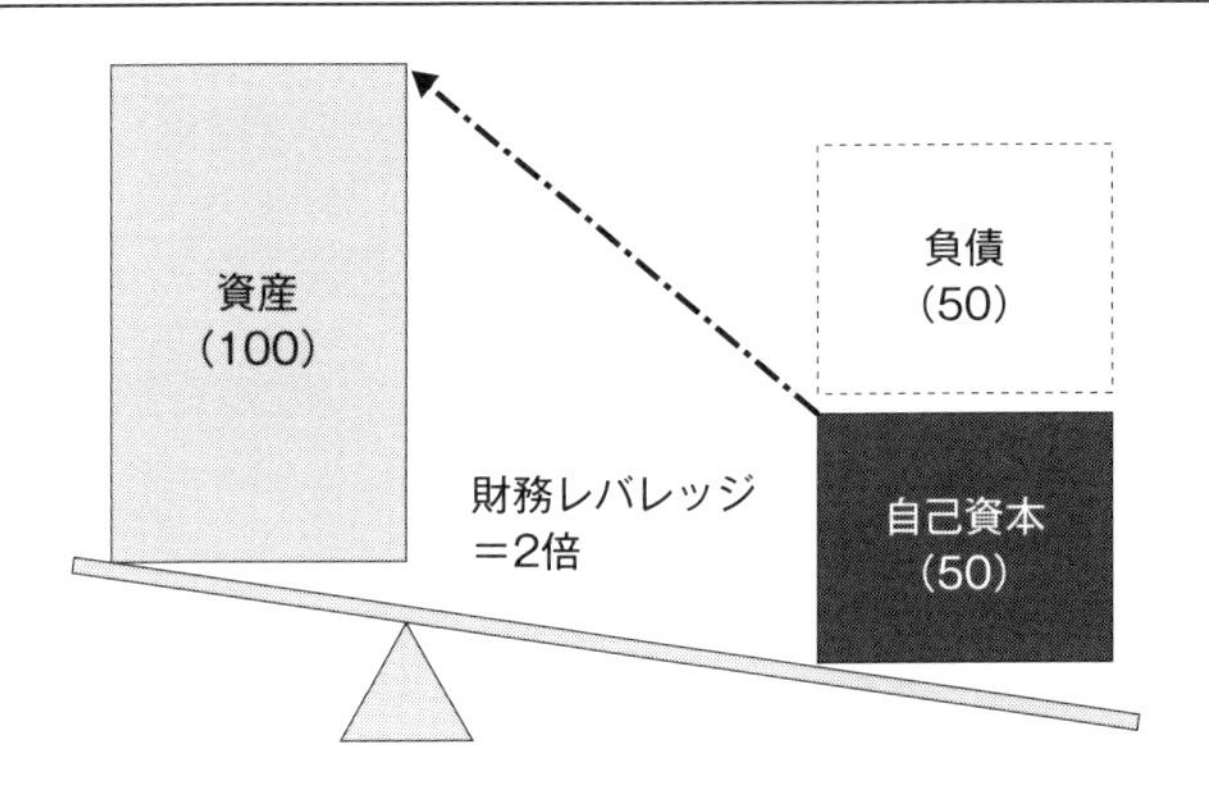

「人のふんどしで相撲をとる」

等を控除した後の「経常利益」重視する考えから、株主資本の活用の効率性を示す「ROE」を重視する考え方への転換が始まっています。

5.2 ROE・ROAのKPIディクショナリー

1）ROE（自己資本利益率）

ROEは、企業が株主から委託された資本を使ってどれだけの株主利益を上げたかを表す財務のKPIです。

損益計算書の最終行である法人税等を控除した後の「当期純利益」が配当として株主に分配され、残りは株主資本として企業に留保されます（図表4・3、図表4・4参照）。従って、この自己資本は、企業が株式を発行して直接株主から調達した資本に加えて、年々内部留保された当期純利益の合計ということになります。

ROEの分母のエクイティは株主資本ですが、ROEの計算に当たっては、分母は株主資本ではなく、親会社の既存株主の立場から見た資本が採用され、自己資本、つまり（純資産－新株予約権－少数株主持分）を活用します（図表4・3参照）。

ROEに係る留意点としては、次が挙げられています。

①自己資本比率が高い企業は、財務レバレッジをかけることでROEを改善することができるので、中長期の平均ROEを注視することが重要です。

②ROEには平均値へと回帰していく特性があります。これをROEの平均回帰性といいます。その主な要因としては、

・ROEが高い企業が利益を内部留保すると自己資本が増加し、それがROEの計算式の分母を高めて、ROEの低下につながること。

・儲かる事業には新規の参入が増えて利益率が低下し、逆に儲からない事業は競争相手が撤退することで残存者の利益率が上がるため、競争原理によってROEの計算式の分子が平均化されること。

図表5.3 ROE (KPIディクショナリー)

KPI名称	ROE (Return on equity；自己資本利益率)
視点	財務の視点
目的	株主価値の拡大
定義	株主が企業に投資しまた利益を再投資した資金が、毎期、何%で回っているかを示す財務のKPI。
単位	%
計算式	ROE ＝ 当期純利益 ÷ 自己資本 ＝ 売上高当期利益率 × 総資産回転率 × 財務レバレッジ ＊自己資本 ＝ 純資産 － 新株予約権 － 少数株主持分
コメント	・分子は、株主以外のステークホルダーに支払った後の残余利益である「当期純利益」を用いる。 ・分母は株主資本ではなく自己資本、つまり（純資産－新株予約権－少数株主持分）を用いる。 ・「財務レバレッジ」をかけることで、短期的にROEを高めることができる。 ・決算短信などで開示が義務付けられているため企業間比較が容易である。 ・ROEには平均値へと回帰していく「平均回帰性」があることが指摘されている。

図表5.4 ROA (KPIディクショナリー)

KPI名称	ROA (Return on asset；総資産利益率または総資本利益率)
視点	財務の視点
目的	企業価値の拡大
定義	企業の経営成績を分析するための総合的指標であり、企業の収益性を総合的に表わす最も重要なKPI。
単位	%
計算式	ROA ＝ 経常利益 ÷ 総資本 ＝ 売上高経常利益率 × 総資産回転率
コメント	・分母には「総資本」を、分子には通常、経常的な経営活動による利益を示す「経常利益」用いる。 ・ROAは、売上高経常利益率と総資本回転率に分解することにより、利益計画や経営改善計画の基礎として用いられる。 ・決算短信などで開示が義務付けられているため企業間比較が容易である。

2）ＲＯＡ（総資産利益率）

財務の視点の代表的なＫＰＩがＲＯＡ（Return on Assets：総資産利益率または総資本利益率）です。企業の経営成績を分析するための総合的指標であり、企業の収益性を総合的に表わす最も重要なＫＰＩです。

・分母には総資本（＝総資産）
・分子の利益概念については、通常は事業活動による利益を示す経常利益を用います。

ＲＯＡは、売上高経常利益率と総資本回転率に分解することにより、利益計画や経営改善計画の基礎として活用されます。この分解する形状が、木が枝を張るように見えることから、「ＲＯＡツリー」またはこの分析手法を開発したデュポン社の名をとって「デュポン・ツリー」と呼ばれています。

第3部

【WHAT】KPIの定義と様々なタイプ

□ 第6章「KPIに迫る」で、KPIの意味とその機能について検討し、
□ 第7章「KPIのタイプを押さえる」で、KPIを財務や非財務など8種類のKPIのタイプに分類して解説します。

第6章 KPIに迫る

6.1 KPIの意味

「KPI」は、キー・パフォーマンス・インディケーター（Key Performance Indicator）の略称であり、日本語では「重要業績評価指標」と訳されています。

そもそも、このKPIの「P（パフォーマンス）」は工場現場の機械などの性能（パフォーマンス）を意味する言葉です。戦後の日本では、製造業の工場現場を中心にTQC後にTQMと呼ばれるようになった総合的品質管理が盛んに推進される中で、KPIという用語が現場管理の領域を中心に広まっていました。

著者は20年近く前からバランス・スコアカードを研究、指導してきましたが、欧米のケースを見るかぎり、KPIという用語の使用はむしろ少数派で、メトリックス（Metrix）やメジャー（Measure）、メジャーメント（Measurement）、そしてインデックス／指標（Index）などの用語が使われることが多いように感じていますが、本書ではKPIという用語に統一することにしましょう。

また、KPIを先行指標と遅行指標（結果指標）に区分することも広く行われています。IT（情報技術）関係では、後者を特に「KGI（キー・ゴール・インディケーター）」と呼んでプロセ

図表6.1　KPIとPI

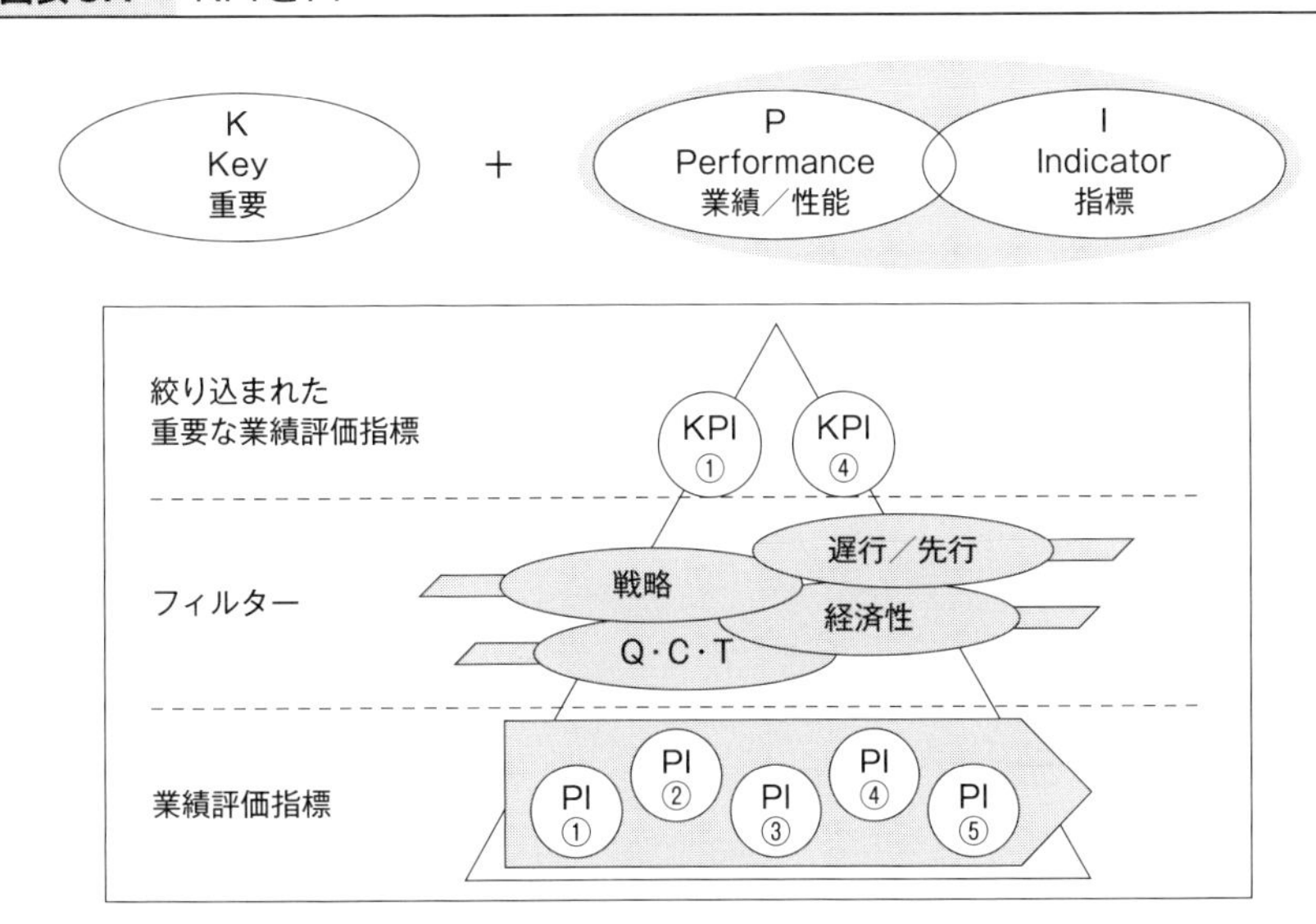

ス指標としてのＫＰＩと区別することもあります。

図表6・1を見てみましょう。図表の三角形の底辺に示すように、状態を測定する「業績評価指標（ＰＩ）」は数多く存在しています。

例えば、あなたが業績評価に関するセミナーに参加しているとしましょう。受講環境の良さを測定する「ＰＩ」としては、会場の室温、湿度、手元やスクリーン周りの照度、講師の声の音量、椅子の座り心地、講演の時間進行などが数多く挙げることができます。これらを絞り込むためのフィルターの役割を果たすのが、ＫＰＩの選定方針や基準です。これらのフィルターを通じて厳選したＰＩが、キーとなる重要なＰＩ、つまり「ＫＰＩ」ということになります。

6.2

KPIの機能

ＫＰＩを活用することにより、組織には多くの効果が期待できます。**図表６・２**は、スピツァーの"Transforming Performance Measurement"に基づき、次のように編集し一覧表形式にまとめたものです。

・ＫＰＩマネジメントのＰＤＣＡサイクルの順に再編集してあります。

・ＫＰＩに関する特に蘊蓄（うんちく）に富んだ内容について「コメント（格言を含む）」にまとめておきました。

・同書では「指標（measurement）」を用いていますが、ここではＫＰＩとしてあります。

図表6.2　KPIの機能

KPIマネジメントのサイクル	KPIの機能	コメント（格言を含む）
P（プラン）	＊KPIは行動を指示する。	「何が測定されているかによって、全ての行動は予測可能である。」（E.ゴールドラット）
	＊KPIは期待を明確にする。	明確に定義されたKPIは曖昧さを取り払う。
	＊KPIは目標設定の基礎を提供する。	良き目標（goal）の質を表す頭字語である「SMART」～具体的（Specific）、測定可能（Measurable）、実行可能（Actionable）、適切性（Relevant）、適時（Timely）～の中でも最も重要なものである。
	＊KPIは動機づける。	KPIは、無力症への解毒剤である。物事を実現に導く。
D（ドウ）	＊KPIは注意を集中させる。	報奨システムとリンクしている場合はなおさらである。
	＊KPIは実行を増進する。	「測定なきところ実行なし。」
	＊KPIは連携を向上させる。	連携されたKPIシステムなしには、組織を跨り一貫した行動と業績は不可能である。
C（チェック）	＊KPIはパフォーマンスの可視性を高める。	「測定できないものは、管理できない。」
	＊KPIはアカウンタビリティ（報告責任）を可能にする。	アカウンタビリティとは「測定可能な責任」を意味する。
	＊KPIは客観性を高める。	「事実に基づく管理」が可能になる。
	＊KPIは一貫性を促進する。	管理には安定が必須である。
	＊KPIは意思決定を改善する。	「一つの正確な測定値（measurement）は、一千の意見に勝る。」
	＊KPIは問題解決を向上する。	システマティックに業績を評価していれば、問題の発見と、優先順位付けと解決は容易になる。
	＊KPIは早期警告信号を提供する。	長い目で見ると、良きKPIは、大規模な調査、事業再生や倒産よりもはるかに安上がりである。
	＊KPIは理解を高める。	「あなたが、あるものを測定することができなければ、それを理解することはできない。理解できなければ、それを管理（control）することはできない。管理できなければ、それを改善することはできない。」（J.ハリントン）
A（アクション）	＊KPIはフィードバックを促進する。	「KPIが錠（ロック）で、フィードバックが鍵（キー）である。双方の相互作用がなければ、改善への扉を開くことはできない。」（J.ハリントン）
	＊KPIは予測を可能にする。	予測的なKPI（パフォーマンス・ドライバー）が、組織を推進させる。

（参照：Spitzer “Transforming Performance Measurement” を参照し表形式に編集、加筆）

第7章 ＫＰＩのタイプを押さえる

7.1 ＫＰＩのタイプ分類

ＫＰＩマネジメントを廻していくためには、まずＫＰＩのタイプ（属性）を理解しておくことが有効です。

ＫＰＩと一言で言っても、実に様々なタイプに分類することができます。本書では、**図表7・1**にあるように、８種類のタイプに分類していいます。図表では、その属性を比較対象できるように、便宜的に左右にタイプＡとタイプＢに区分して示してあります。

ここに掲げたＫＰＩのタイプは、大きく二つに区分できます。

①当該ＫＰＩに固有の絶対的な特性です。図表のタイプ分類では、1）財務と非財務、5）ハードとソフト、7）共通と固有、が該当します。

②組織体のＫＰＩマネジメントの成熟度などの状況や、他のＫＰＩとの関係から生まれる相対的な特性です。これには、2）遅行と先行、3）マネジメント・レベル、4）機能別と機能横断、6）標準とトランスフォメーショナル、8）内部管理と外部公開　が該当します。

なお、ＢＳＣやビジネスモデル・マッピングの「四つの視点」の分類は、当該ＫＰＩが測定の対象とする「目的」（ないし構成要素）の所属する視点に依存するため、同一のKPIであっても、複数の視点に分類されることもります。そのため、図表7・1の「KPIのタイプ」には含めておりません。

図表7.1　KPIのタイプ

タイプ A	分類	タイプ B
財務	1）財務と非財務	非財務 ①オペレーショナル ②ESGないしCSR関連
遅行 （結果、アウトプット、アウトカム）	2）遅行と先行	先行 （ドライバー、インプット）
業務	3）マネジメント・レベル	戦略と戦術
個別機能別	4）機能別と機能横断	機能横断 （クロス・ファンクショナル）
ハード （定量的）	5）ハードとソフト	ソフト （定性的）
標準	6）標準とトランスフォメーショナル	トランスフォメーショナル
共通 （業種や全般）	7）共通と固有	固有
内部管理	8）内部管理と外部公開	外部公開

7.2 KPIのタイプ個別解説

1）財務と非財務のKPI

最も頻繁に用いられるKPIの分類の一つが、この財務と非財務による区分です。

①財務のKPI

「財務のKPI」には、貨幣価値で示される売上高や利益、総資産や自己資本など財務諸表上の勘定科目などの残高や累計額、さらにROE、売上高利益率などといった財務数値を加工して算出される財務比率が含まれます。

②非財務のKPI

一方の「非財務のKPI」は、前述の財務数値とそれを加工した財務比率以外ということになりますが、これにはタイプの異なるオペレーショナルとESGの二種類があるので注意を要します。

（i）オペレーショナルKPI

会計分野に携わる者が「非財務」という用語から抱くものは、リードタイムや品質といった、現場で用いられる「オペレーショナル（業務的）なKPI」です。

（ii）ESGに係るKPI

第3章で取り上げたようにアニュアルレポート（年次報告書）とCSR（企業の社会的責任）報告書や環境報告書そしてサステナビリティ報告書などとの統合を志向する「統合報告」に対する企業の関心が高まっていますが、この領域で、財務と非財務の結合や連携について検討する場合の「非財務情報」とは、主として「ESG（環境、社会、ガバナンス）やCSRに係るKPI」を指すことが多いようです。

さらには、「非財務情報」という場合には、文

図表7.2　先行指標と遅行指標

	先行指標（lead indicators）	遅行指標（lag indicators）
別称	・プロセス指標（process measures） ・パフォーマンス・ドライバー（performance drivers）	・結果指標（output measures） ・成果指標（outcome measures）
意味	・プロセスを報告する ・問題の発生を予見し、予防を可能にする ・成果がいかにして達成されたのかを示す	・結果を報告する
認識のタイミング	・結果が出る前	・結果が出てから
特徴	・組織の戦略に固有な傾向がある	・業種や企業を問わず共通である場合が多い
例	ー ・接客時間 ・提案書提出件数 ・欠勤率	・売上高 ・マーケットシェア ・従業員満足度

（参照：松原恭司郎『バランス・スコアカード経営』に加筆）

章による「記述／ナラティブ情報」を指す場合もありますが、ここでは、財務数値を含めて、指標に限定しています。

2）遅行と先行のＫＰＩ

この「先行指標と遅行指標」も、実務で頻繁に使われているＫＰＩのタイプであり、**図表７・２**の別称に示すように、様々な名称で呼ばれています。

最悪の結果に終わる前に、事前に手を打つべきことを教えてくれるのが「先行指標」です。顧客の視点を例にとるなら、顧客の「接客時間」を充分にとったか、「提案書提出件数」は充分であったかなどのＫＰＩがこれに該当します。そして、それらの努力の成果である「マーケットシェア」や「売上高」が、「遅行指標」に該当します。

ＢＳＣの提唱者であるキャプランとノートンも、「良きバランス・スコアカードは、成果指標（遅行指標）とパフォーマンス・ドライバー（先行指標）を適度に組み合わせたものでなければならない。」と明言しています。（『バランス・スコアカード』）

図表7.3 マネジメント・レベル別のパフォーマンス・ダッシュボード

マネジメント・レベル	パフォーマンス・ダッシュボードの概説
①戦略レベル	・戦略目的の実施状況をモニタリングするもので、マネジメントや経営企画スタッフが、KPIを月次ないし四半期に分析します。 ・BSCは、組織のバランスの取れたKPIを示す戦略レベルのダッシュボードです。
②戦術レベル	・各部門単位またはプロジェクト単位での進捗状況を、マネジャーが、計画や予算などと比較し、KPIが、日次または週次で分析されます。 ・S&OPは、バリューチェーンを横断し、財務と非財務のKPIを示す戦術レベルのダッシュボードです。
③業務レベル	・業務プロセスを現場担当者や管理者がモニタリングするもので、詳細レベルのKPIが、分や時間単位でモニタリングされます。

（参照：松原恭司郎『S&OP入門』を参照し作成）

しかしながら、欧米と同様に日本においても実践の場では、この先行指標と遅行指標の区別は少なからず混乱を生んでいるのが現状です。その意味で、実践に当たっては厄介なタイプ分類と言えます。先行指標と遅行指標の関係については、拙著『松原流：戦略マップ／BSC実践教本』の203ページで、スカイダイビングの比喩を用いて説明しているので、実践でお悩みの読者はご参照ください。

3）マネジメント・レベル別のKPI

これは当該KPIが、組織のマネジメント階層のどのレベルでモニタリングの対象とされるかによる分類です。ただし、あるKPIは業務レベルのKPIであって、戦略レベルのKPIではないというものではなく、ある一つのKPIが日次、週次、月次、四半期など対象とする期間や数量の累計などで、複数のマネジメント・レベルでモニタリングされる場合もあります。

図表7・3は、マネジメント・レベル別の「パフォーマンス・ダッシュボード（Performance Dashboards）」の解説です。ダッシュボードとは

一般に自動車や飛行機などの計器盤を指す言葉ですが、業績管理の世界では、ＫＰＩの目標値に対して実績を示すビジュアルなディスプレイ装置を意味しています。

一般的には、戦略マネジメント・システムとしての戦略マップ／ＢＳＣで取り扱われるＫＰＩは戦略レベルのＫＰＩであり、戦術マネジメント・システムとしてのＳ＆ＯＰ（セールス・アンド・オペレーションズ・プランイング）の対象となるものが戦術レベルのＫＰＩということになります。

4）機能別と機能横断のＫＰＩ

近代の経営組織は、専門特化することによって学習効果や効率を高められるように、機能（ファンクション）別分化を進めてきました。一方で、この機能別組織は、欧米では干し草を格納する「サイロ」、そして日本では「蛸壺」とも称されるように、部門主義による個別最適化を助長し、組織全体での最適化を阻むという負の側面が指摘され、以前からＢＰＲ（ビジネス・プロセス・リエンジニアリング）の必要性が提案されるなどしてきました。

このような背景の下で、機能別のプロセスの効果性や効率性を測る従来の「機能別ＫＰＩ」に加えて、新たに「組織横断のＫＰＩ(Cross-functional KPI)」または「統合的ＫＰＩ（Integrated KPI)」の重要性が高まってきています。

「組織横断のＫＰＩ」の例としては、

＊マーケティング、購買、製造、販売、顧客サービスなど異なる機能が協同することにより高まる「顧客収益性」

＊新製品開発に係わる「新製品上市に要する時間（New product time-to-market)」

＊サプライチェーンを跨ったＫＰＩとして、納期通りに顧客に届いた完了オーダの率である「納期遵守率（Percent perfect orders)」

などが挙げられます。

5）ハードとソフトのＫＰＩ

業績管理の世界には「測定できないものは、管理できない」や、「測定できない（しない）ものは、改善できない」という格言があります。そういうものの、ビジネスの世界は定量的に測定し

図表7.4　ハードとソフトのKPI「測定できないものは、管理できない」

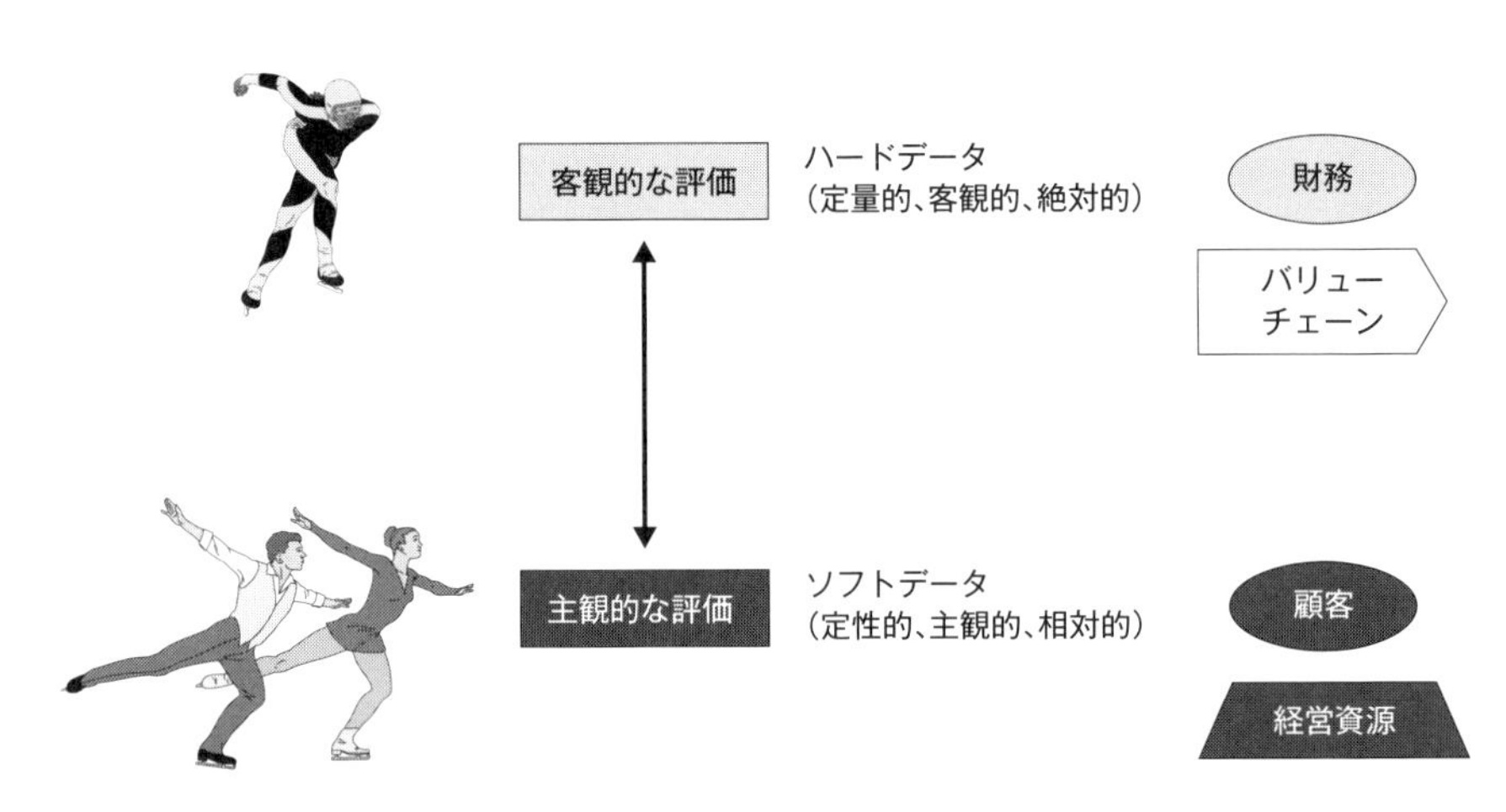

（参照：松原恭司郎『松原流：戦略マップ／BSC実践教本』に加筆）

管理できるものばかりではありません。そこで、定量化することが難しい場合には、客観的な評価に代えて、主観的な評価を実施することも必要になります。

このことは、**図表7・4**に示すように、冬季スポーツのスピードスケートとフィギャースケートの違いを考えてみるとよくわかります。双方、数値化（定量化）して、その得点の高さを争う競技なのですが、

＊スピードスケートは、百分の一秒単位という客観的な数値を競う競技であり、客観的な測定・評価が可能です。

＊一方、フィギャースケートは、複数名のジャッジが判断する技術点、ジャンプ、そして演技構成点から構成される得点で争います。採点の透明性を高めるための工夫がなされてはいるものの、その評価はジャッジによる主観的な評価となっています。

数値のみが、常に測定の最良の手段となるわけではありません。むしろ数値に翻訳することが難しい事象が多く存在しています。図表の右側に示

したように、「四つの視点」に関していえば、貨幣価値によって認識、測定、評価、報告する会計をベースにした「財務の視点」以外の、「顧客の視点」の顧客満足度や「経営資源の視点」の従業員満足度など、人、とりわけ人の心理に係わる領域は、主観的・相対的であり、客観性・絶対的な定量化には困難が伴います。

　このような定性的な項目である「ソフトデータ」の測定手法としては、インタビューやオブザベーション・スタディーによる手法があり、レーティング・スケール（5ポイントや10ポイントなど）が活用されています。

6）標準的とトランスフォメーショナルＫＰＩ

　ある組織が従来から活用しているＫＰＩ等のタイプを、「標準的ＫＰＩ（Standardized KPI）」と呼ぶのに対して、組織を明らかに高次元の業績へと導く新規で革新的なＫＰＩを、「トランスフォメーショナル（変容的な）ＫＰＩ（Transformational KPI）」と呼びます。

①個別組織にとってのトランスフォメーショナルＫＰＩ

トランスフォメーショナルつまり変容的なＫＰＩは、世の中で今まで用いられていない斬新なＫＰＩに限ったものではありません。当該組織の業績評価の見方やメンタル・モデルを大きく変更・変革させる効果を持ったＫＰＩであれば、一般に広く使われているＫＰＩであっても、当該組織にとっては「トランスフォメーショナルＫＰＩ」となります。

図表7・5は、ある組織が「既存のＫＰＩ」に加えて、新たなＫＰＩの選定・開発が必要となる場合を示しています。新たなＫＰＩについては、①既存のＫＰＩを補完するＫＰＩ、②既存のＫＰＩを代替するＫＰＩ、そして③新規の変容的なＫＰＩがあります。トランスフォメーショナルＫＰＩとは、この四象限図表の右上の象限に位置する「③新規の変容的なＫＰＩ」が該当します。

②市場で開発されるトランスフォメーショナルＫＰＩ

トランスフォメーショナルＫＰＩは、一般に広

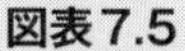

図表7.5 新たなビジネスモデルを見える化するKPIの選定・開発

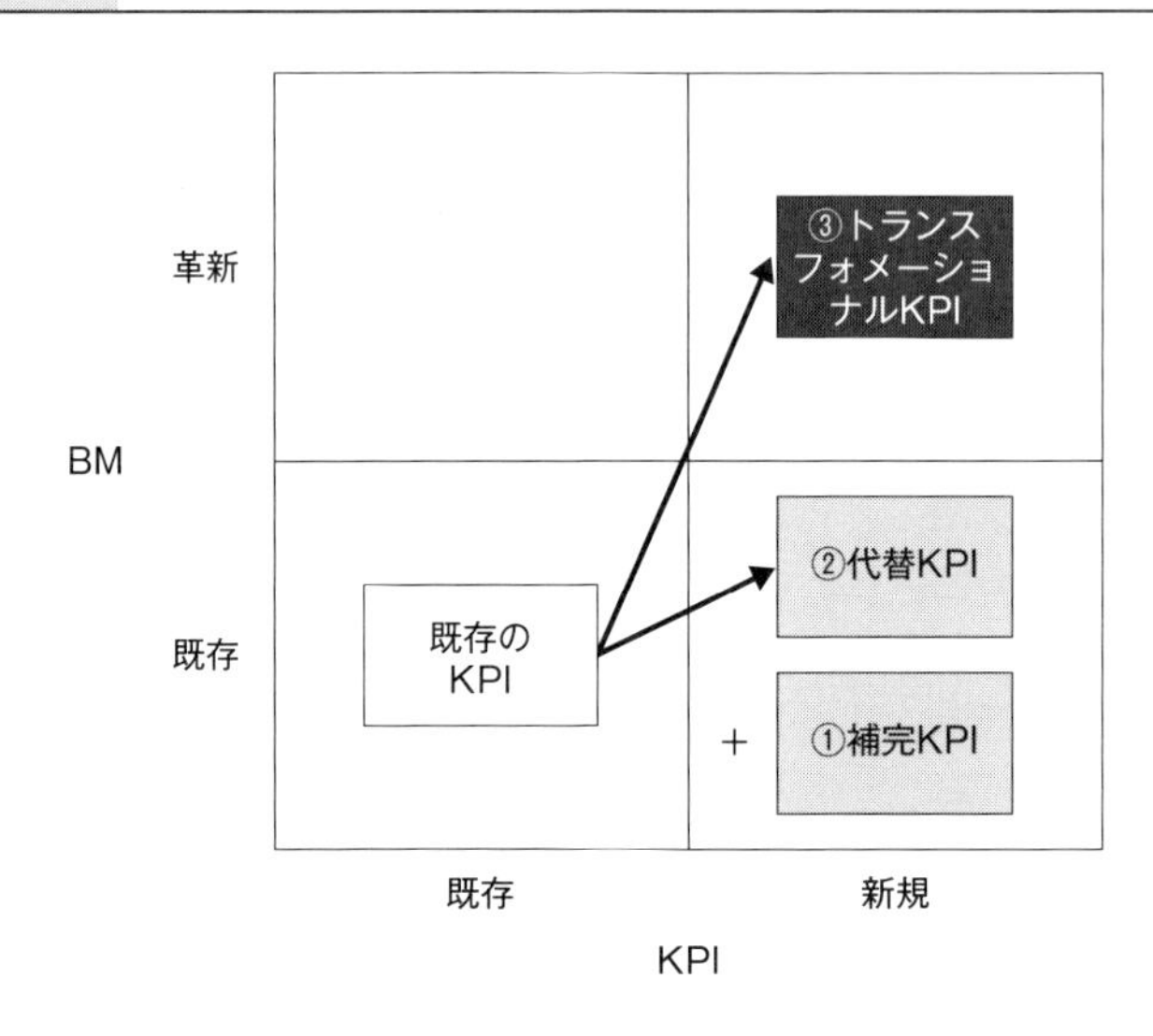

く活用されてきたＫＰＩでは何らかの限界が生じた場合に、調査会社やコンサルティング会社などによって新たに開発され、ベンチマーキング・サービスなども提供されることがあります。

例えば顧客の視点では、既存のＫＰＩである「顧客満足度」の把握だけでは、顧客の真の意向がくみ取れない場合に、「顧客収益性（Customer profitability）」や「顧客生涯価値（Customer lifetime value）／ＣＬＶ」そして「顧客経験（Customer experience）」といったトランスフォメーショナルＫＰＩが開発されています。そして、財務の視点のＥＶＡ（経済付加価値）も同様の流れと言ってよいでしょう。

このトランスフォメーショナルＫＰＩは、人々に既存のルーティーン作業とは全く異なる仕事の進め方を要求するため、その導入と運用には、リーダーシップが求められます。

7）共通と固有のＫＰＩ

「ＫＰＩの一覧表、それも掲載件数が多くて、そこから選択するだけで自組織に合ったＫＰＩが準備できるリストが欲しい」との声を良く耳にします。このニーズに応えるかのように洋の東西を問わず「二千以上のＫＰＩのリストを準備しています。」というコンサルタントやソフトウェア会社の宣伝文句が、真しやかに囁かれています。

①全業種や業種に共通のＫＰＩ

企業のステークホルダーである投資家が求めるＲＯＥなどの「財務の視点」のＫＰＩは、比較可能性を高めるためにも全業種または業種を通じて汎用性が高いという属性を持っています。

このように比較可能性を持った汎用的な全般や業種で共通するＫＰＩなら、「ＫＰＩ一覧表」などから選択することも可能でしょうし、ベストプラクティスや平均値など、他社とベンチマーキングすることも容易で、ＫＰＩを使ったマネジメントの価値は高まります。

②組織固有のＫＰＩ

一方で、ある組織体が、ブレイクスルーの成果を見極めるための結果指標や、それを生み出すドライバーとなる真に重要な先行指標を発見・考案・開発し、それらのＫＰＩ間の因果関係の影響度を知ることは、その組織にとって重要なノウハウとなり、競争優位の源泉となるものです。

つまり、顧客の視点、業務プロセスの視点、そして経営資源の視点などで、組織の独自のビジネスモデルや戦略の達成度を測るＫＰＩなどがこれに該当します。これは料理でいえばミソであり、有名な清涼飲料水会社のレシピのように、特に重要なものは一子相伝で、決して他に公開されることがないものです。

「重要なＫＰＩは決して出回らない」と言われるように、これらは、流通しているＫＰＩ一覧表から選択できるような代物ではありません。

8）内部管理と外部公開のＫＰＩ

ＫＰＩは本来、業績管理や戦略そしてビジネスモデルのマネジメントのツールとして、第一義的に内部の経営管理者が活用するものです。

これに加えて、近年では企業と投資家との対話の重要性が高まる中にあって、第3章で見てきたように、コミュニケーション・ツールとしてのＲＯＥを含めて財務および非財務のＫＰＩとその目標値の開示が求められるようになってきました。

7.3 【ミニクイズ】ROEのKPIタイプを知る

1）【ミニクイズ】ROEのKPIタイプを確認する

これまでＫＰＩの様々なタイプ分類について見てきましたが、ここで投資家が重視するＫＰＩの一つである「ＲＯＥ」について、**図表7・6**を使ってＫＰＩのタイプごとに、いずれに該当するか確認してみて下さい。

双方該当する場合には、双方にチェックしてもかまいません。また分類が難しい場合には、その理由を付してください。

図表7.6　【ミニクイズ】ROEのKPIタイプを確認する

分類	タイプA		タイプB		該当なし／不明等	
1）財務と非財務		財務		非財務		
2）遅行と先行		遅行		先行		
3）マネジメント・レベル		業務		戦略と戦術		
4）機能別と機能横断		個別機能別		機能横断		
5）ハードとソフト		ハード		ソフト		
6）標準とトランスフォメーショナル		標準		トランスフォメーショナル		
7）固有と共通		共通		固有		
8）内部と外部		内部管理		外部公開		

2）確認しましょう

それでは、一つ一つ順を追って確認していきましょう。

1）A：ROEは「財務の視点のKPI」であり、投資家が重視するものです。

2）A：ROEは「遅行のKPI」です。ROEの目標を達成する場合には、ドライバーとなる戦略やビジネスモデルなどのストーリー設定が重要です。

3）B：ROEは中長期の株主価値、企業価値の向上を測るKPIとして、「戦略レベルのKPI」と言えます。

4）B：ROEは経理、財務部署の主管するKPIではありますが、総合経営指標として、「機能横断（クロスファンクショナル）のKPI」であると考えられます。

5）A：ROEは財務数値を基にする財務分析のKPIであり、「ハードのKPI」です。

6）AとB：ROEはデュポン分析が提唱されて以来のKPIであり、財務の伝統的な「標準のKPI」に属します。ただし、アベノミクスによる一連のアクティビティを受けて新たに採用する日本企業にとっては、当面は「トランスフォメーショナルKPI」になると考えられます。

7）B：ROEは財務の視点のKPIとして、企業や業種を跨って、投資家を始めとするステークホルダーが活用する「共通のKPI」です。

8）AとB：ROEはROAと共に、マネジメントがモニタリングすべき総合的KPIとなります。また投資家が注視するKPIの一つとして、内部管理と外部公開の双方に適用することができます。

第4部

【HOW】 KPIマネジメントのフレームワーク

- □ 第8章「KPIマネジメントに役立つ思考法」として、結果のKPIであるROE等の向上のシナリオを描くのに役立つ「システム思考」などの思考法を紹介し、
- □ 第9章「KPIマネジメントに役立つフレームワーク」で、KPIフレームワークが具備すべき要件を検討します。更に、
- □ 第10章「KPIツリー展開方式とその限界」では、「ROEツリー」に代表される「KPIツリー展開方式」で現場に落とし込む際の限界を明らかにし、
- □ 第11章「MAP展開方式の活用」で、戦略マップやビジネスモデル・マップなど、視点を組み込み、KPIではなく「目的」を中心に展開する「MAP展開方式」と、その有効性を解説します。

第8章 KPIマネジメントに役立つ思考法

8.1 KPIマネジメントに役立つ三つの思考法

KPIマネジメントを的確に廻すためには、**図表8・1**の左側に示したように、測定対象の「本質を掴み」、「理解を深め」、「改善・改革へと導く」ことが求められます。そのためには「相互・因果関係」に着目することが有効です。

今日、ビジネスのシーンで活用できる様々な思考法が考案され、提唱されていますが、本章ではKPIの選定からはじまり、データの収集、モニタリング、アクションへとつながる「KPIマネジメント」に役立つ、「シンプル思考」、「システム思考」そして「統合思考」の三つの思考法を紹介することにしましょう。

1）シンプル思考（Simple thinking）

「KISSの法則」という有名な法則があります。これは、何事にも当てはまる法則で、Keep It Simple, Stupid.～ つまり、ばかばかしいくらいに単純にしようという標語の略称で、キス（接吻）の法則と呼ばれています。

限られたKPIで物事の「本質」を捉えるのがKPIマネジメントの基本です。それには「シンプル」でなければならないということです。

次に、個々のKPIの選定と同じくらい重要なのが、関係するKPI間の「相関関係や因果関

図表8.1　KPIマネジメントに役立つ思考法

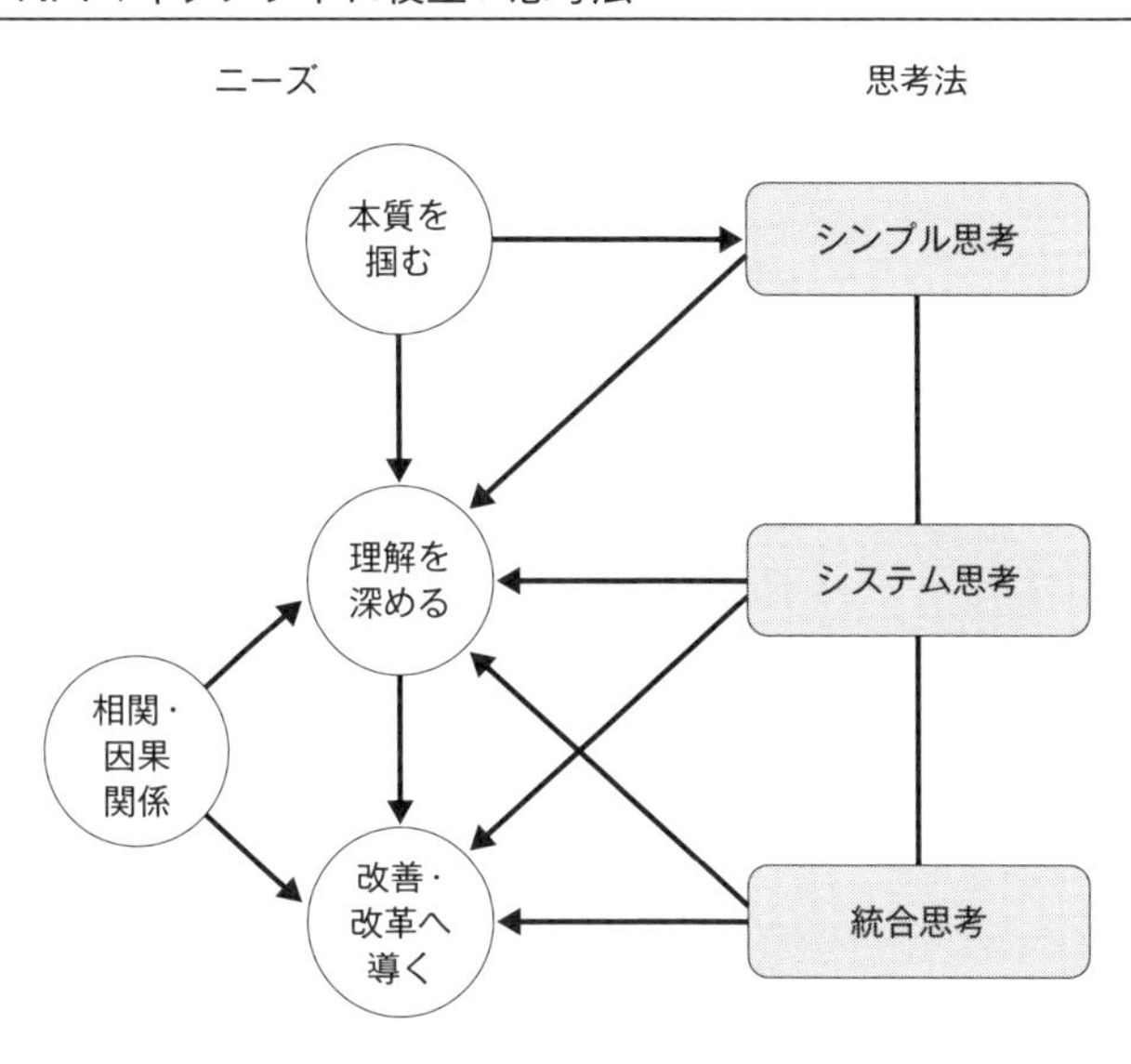

係」の理解です。そこで役立つのが次の二つの思考法です。

2) システム思考（Systems thinking）

相関関係・因果関係から、理解を深めるためには、「システム思考」が非常に役立ちます。このシステム思考については、次項で詳しく解説することにします。

3) 統合思考（Integrated thinking）

相関関係・因果関係や、視点を跨ったＫＰＩの関係付け、そして機能横断的なＫＰＩのマネジメントには、「統合思考」というメンタルモデルが欠かせません。第３章で紹介した国際統合報告評議会（ＩＩＲＣ）は、統合思考の重要性を説いています。そこでは、統合思考とは「様々な業務及び機能単位と、当該組織が利用したり影響を与える資本との関係についての動的な考察である。」と定義し、統合思考により、短期・中期・長期の価値創造を考慮した統合的な意思決定と行動へと導かれるとしています。

図表8.2 システム思考の「氷山のたとえ」とKPIマネジメント

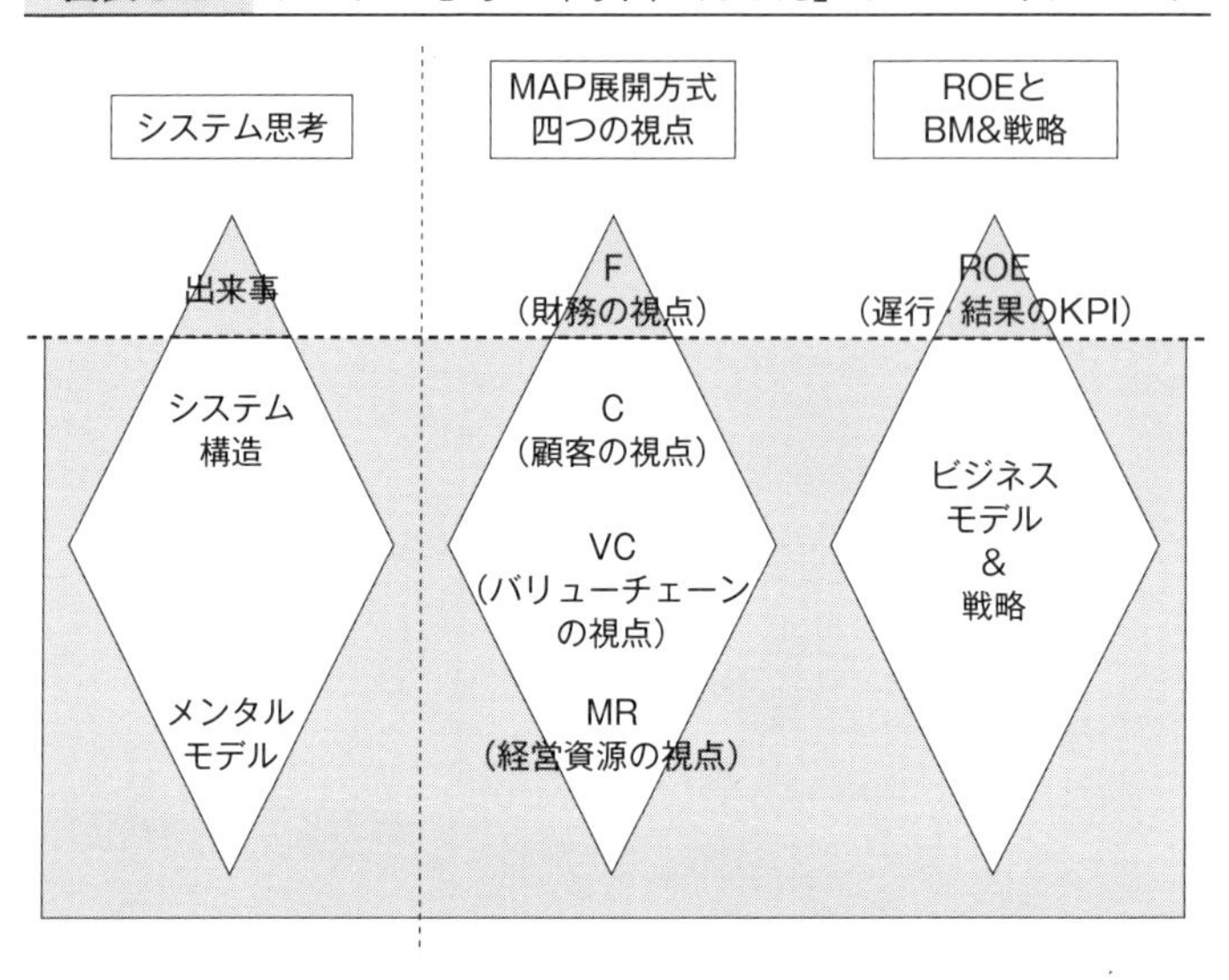

1）システム思考とKPIマネジメント

システム思考のKPIマネジメントへの適用について考えてみましょう。システム思考の提唱者の一人であるドネラ・H・メドウズによればシステム思考とは「問題の根本原因が何かを見いだし、新たな機会を見つける自由を与えてくれる思考法」であるとしています。（メドウズ『世界はシステムで動く』）

メドウズは氷山の一角でしかない「出来事」レベルではなく、「システム構造」やその奥底にある意識や無意識の前提そして思い込みといった「メンタルモデル」に働きかけることで、必要な変化をより効果的に作りだせるとしています。

図表8・2は、このメドウズによるシステム思考の氷山のたとえを、著者が図示して左側に示し、MAPの四つの視点を並べて対比する形で示したものです。

ＫＰＩマネジメントの世界では、結果のＫＰＩの一つである「ＲＯＥ」の向上に必要となる問題の根本原因が何かを見い出し、新たな機会を見つけることにシステム思考が活用できるのです。

ＲＯＥは「遅行・結果のＫＰＩ」として、システム思考でいうところの「出来事」に相当します。その結果を生み出すドライバーがビジネスモデルや戦略であるということです。このことからもＲＯＥの向上には、ビジネスモデルや戦略の検討が必要になることがわかります。

2）システムを形づくる3つの項目とKPIマネジメント

システム思考では「システム」を次のように定義しています。

①《目的》～何かを達成するべく一貫した目的を持って組織され、
②《関係性》～相互につながりをもった、
③《構成要素》～一連の要素。

従って、目的や関係性のない単なる要素の寄せ集めにすぎないものは、システムとは言えません。

業績管理の対象となる組織体は、正にこのシステムに当たります。そこでこのシステムの定義をＫＰＩの世界に当てはめれば、個々のＫＰＩは構成要素にあたり、それは資本効率の向上などの目的を持ち、ドライバーとなるＫＰＩとの関係性を持ったＫＰＩシステムとして、マネジメントされる必要があるのです。

3）トランスフォメーショナルKPIは「レバレッジ・ポイント」となる

メドウズはシステム構造を変革するためのパワーのポイントを「レバレッジ・ポイント」と呼び、小さな変化で反応の大きなシフトをもたらすシステムの場所であるとしています。

ＫＰＩマネジメントでは、このレバレッジ・ポイントを測るＫＰＩが、正しく「トランスフォメーショナルＫＰＩ」（7・2‐6）項参照）ということになるでしょう。

8.3
「システムの15の知恵」をKPIマネジメントに生かす

メドウズは「システムの知恵」を15項目にまとめています。これはKPIマネジメントの実践に当たっても大いに活用できるものです。そこで「システムの15の知恵」を、著者がKPIマネジメントのPDCAサイクルの順に再配置し、KPIマネジメントへの応用について付記して一覧表にまとめたものが、**図表8・3**です。

本表の右側にある「KPIマネジメントへの応用」の項でもコメントしてあるように、「学習」に関する項目が15項目中7項目と47%を占めており、正にシステムは学習プロセスであることを再認識させられます。

1) 項目番号③の「情報を大事に考え、尊重し、広げる」では、持っていない情報には対応することができない。正確でない情報に正確に対応することはできない。遅れて届く情報にタイムリーに対応することもできないと付け加えています。これは、正にKPIの選定に当たって四つの視点を配慮する重要性を再認識させられます。

2) 項目番号④の「言葉は注意して用い、システムの概念で強化する」で、言葉に相当するのがKPIです。「言葉を大事にする最初の一歩は、言葉をできるかぎり具体的に、意味を持つ、誠実なものにしておくことです。（中略）第二に、自分たちのシステムの理解の拡大と合致するように、言葉を拡大することです。」とし、例示としてイヌイットの人たちが「雪」を表す言葉を非常にたくさん持っているのは、雪の使い方を研究し、学んできたからであり、新しい言葉が作りだされる必要があると説いています。これは本質を掴むには、KPIも研ぎ澄ま

図表8.3　メドウズの「システムの15の知恵」をKPIマネジメントに応用する

KPIマネジメントのサイクル	システムの15の知恵	解説	KPIマネジメントへの応用
P（プラン）	①システムのビートを理解する	・いくつかの変数の時系列データを把握することから始めれば、システムにある要素と要素間のつながりが見えてくる。	・学習
	②自分のメンタル・モデルを白日にさらす	・モデルを厳格に表現すること。	・MR（経営資源）の視点
	③情報を大事に考え、尊重し、広げる	・システムでうまくいかない原因の多くは、情報の偏り、遅延、欠落にある。	・KPIの選定と運用 ・四つの視点
	④言葉は注意して用い、システムの概念で強化する	・情報の流れは、主に言葉で構成されている。	・KPIの定義と真のKPIの発見
	⑤測定可能なものだけではなく、大事なものに注意を払う	・「定量化が難しいなら存在しないことにしよう」ということにすると、誤ったモデルになってしまします。（中略）人は、数える能力だけではなく、質を評価する能力も授かっているのです。質を“検知”するようにしてください。	・ハードとソフトのKPI
	⑦全体の善を求める	・システム全体の特性（成長、安定性、多様性、レジリエンス、持続可能性といった）を高めることを目指す。	・フレームワークの重要性
	⑭思いやりの境界線を拡大する	・実際のシステムは相互につながっている。人類のどの部分も、他の人間から、または地球の生態系から切り離されてはいない。	・思いやりの範囲＝CSR、ESG
C（チェック）	⑪複雑性を祝福する	・世界が、複雑で、非線形で、ダイナミックであり、自己組織化し、進化し、多様性と画一性を作り出すことを直感しよう。	・学習（ダブルループ）

	⑫時間軸を伸ばす	・短期と長期の両方、つまりシステム全体を見ている必要がある。	・時間軸＝戦略（短期・中期・長期）
	⑮善の目標を損なわない	・良い知らせよりも悪い知らせに重きを置かないこと。そして、基準を絶対的なものにしておくこと。 ・むやみに、ハードルを下げない。	・学習
A（アクション）	⑥フィードバック・システムのためのフィードバック方針をつくる	・フィードバック・ループだけではなく、メタ・フィードバック・ループ（ループを変更、訂正、拡張するループ）を含める。	・学習（ダブルループ）
	⑧システムの知恵に耳を傾ける	・システムが自走する手助けとなる力や構造を支援し、促進する。	・学習
	⑨システムの中に責任を置く	・システムの分析と設計の双方のための指針。 ・システムがそれ自身の反応を作り出すやり方を探すこと。	・KPIマネジメント・システムの設計
	⑩謙虚であり続け、学習者であり続ける	・学ぶ際に適切なのは、小さなステップで、つねにモニタリングしながら進み、その先に何があるのかがよりわかるにつれ、進路変更をいとわないこと。	・学習（ダブルループ）
	⑬学問領域を超える	・思考の範囲を広げる。 ・レンズの狭さや不完全さから来るゆがみを捨てる必要がある。	・思考の範囲＝統合思考

注）「システムの15の知恵」の番号は、参照文献の掲載順序に従っている。
（参照：メドウズ『世界はシステムで動く』を参照し表形式に編集、加筆）

されてくること、つまり「真のＫＰＩ」の発見がＫＰＩマネジメントの成熟度の向上につながるということです。

3) 項目番号⑩の「謙虚であり続け、学習者であり続ける」では、「心理学者のダン・マイケルが『誤りの受容（error-embracing）』と呼ぶものなのです。（中略）誤りの受容は、学習の条件だ。それは、自分がうまくいくだろうと期待または希望したことの何がうまくいかなかったのかについての情報を求め、活用し、共有することである。」としています。戦略は仮説のセットッであると言われるように、ＫＰＩマネジメントの成熟度の向上には、「ダブルループ学習」が欠かせないということです。

第9章 KPIマネジメントに役立つフレームワーク

9.1 KPIフレームワークの具備要件

一般に思考法を実践するには、フレームワークを活用することが有効です。KPIマネジメントに役立つ三つの思考法に照らし合わせて「KPIフレームワーク」が具備すべき要件について考えてみることとしましょう。

図表9・1に示すように、中央に示したKPIマネジメントに役立つ三つの思考法（シンプル思考、システム思考、そして統合思考）のポイントから、KPIフレームワークは、それぞれ、シンプル性、関係性、そして統合性・結合性の要件を満たしたものであることが求められます。

1）シンプル性

一般の人が一度に認識できる変数は7±2の範囲内であるとする「マジカル・ナンバー」という心理学の考え方からもわかるように、シンプルさは理解の大前提となります。（「マジカル・ナンバー」については、15・2節で取り上げています）

2）関係性

システム思考で学んだように、KPI間の相関関係や因果関係といった「関係性」は、個々のKPIと同様に、KPIマネジメントにとって重要な意味を持っています。シニア・マネジメントが

図表9.1　KPIフレームワークの具備要件

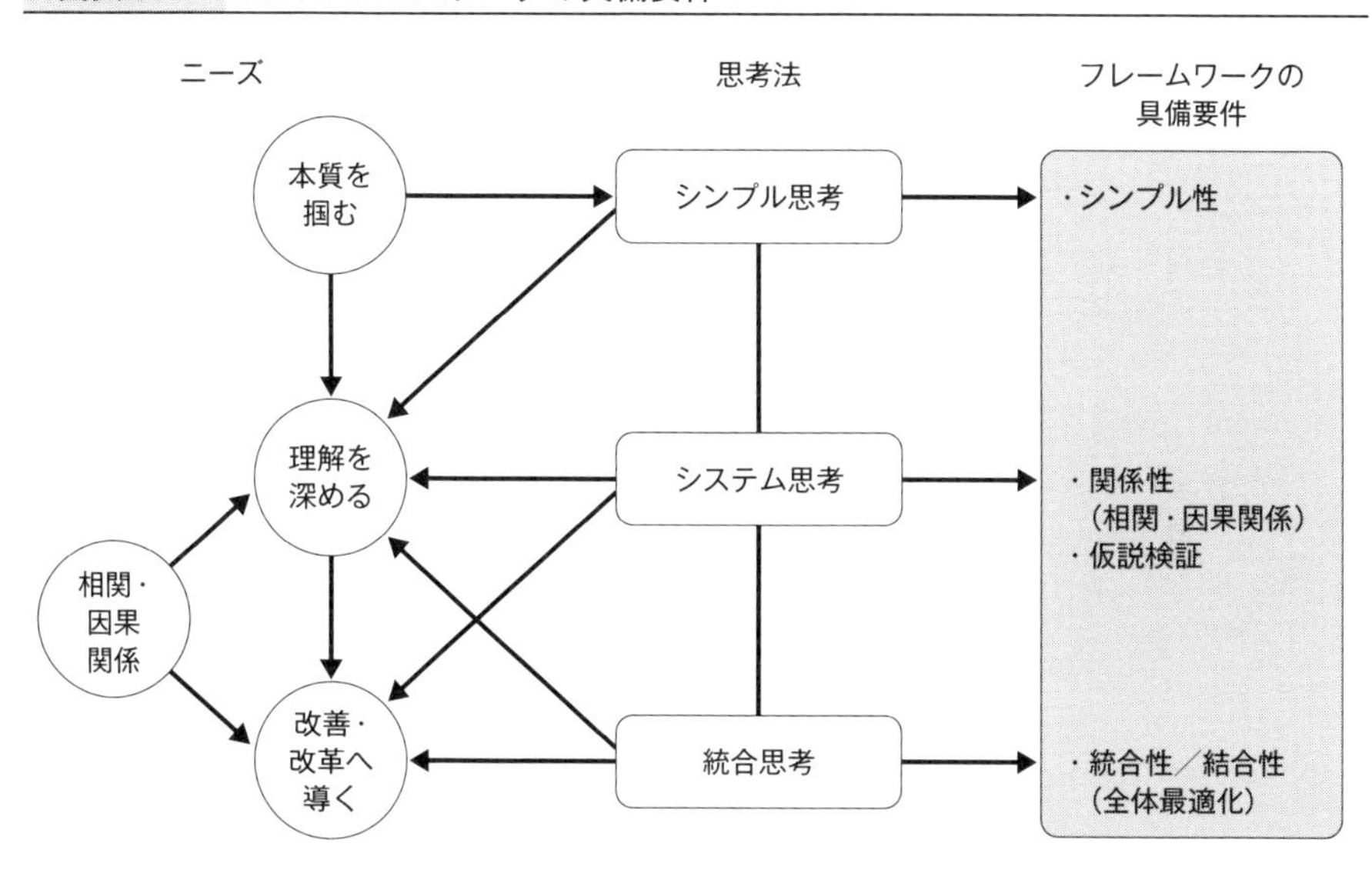

組織の価値創造プロセスに関する目的（遅行・結果のＫＰＩ）とそのドライバー（先行のＫＰＩ）、そしてそれらの相互の関係性を理解し、またミドル・マネジメントや従業員が現場のＫＰＩがどのように組織全体の目標としてのＫＰＩに結びつくかを理解することは、この関係性の理解にほかなりません。この観点から、ＫＰＩフレームワークは、ツリー構造やネットワーク構造を持ったチャート形式で関係性が明瞭に表現されていることが求められます。

3）統合性／結合性

ＫＰＩマネジメントで取り扱うＫＰＩフレームワークは、統合性・結合性の観点から対象となる組織のバリューチェーンを構成する各種の機能を横断し（横の統合）、そして組織のトップから部署そして個人にいたる全階層をカバーする（縦の統合）必要があります。これをサポートする機能として、ＫＰＩフレームワークの一つである戦略マップ／ＢＳＣでは、カスケード（展開）やアラインメント（連携）という機能が研究、開発されており、これらの機能を取り込むことが有効です。

9.2 KPIマネジメントを支えるフレームワーク

これまで、KPIフレームワークが具備すべき要件を押さえたので、次にKPIマネジメントに利用可能なフレームワークについて検討することにしましょう。本書では、利用可能なフレームワークとして、**図表9・2**に示す三種類を取り上げます。

1）KPIツリー展開方式

KPIマネジメントに利用可能なフレームワークとして最も馴染みの深いものは、第5章でも紹介した「ROEツリー」や「ROAツリー」でしょう。これは主に財務分析の収益性分析で用いられるもので、化学メーカーの米デュポン社が開発した財務のKPIを、財務諸表の項目や勘定科目に従って分解するものです。ここでは「KPIツリー展開方式」と呼ぶことにしましょう。

最もポピュラーなこの方式は、財務分析という性格上、財務のKPIを中心とする展開となり、財務のKPIと、非財務KPIが中心の現場のKPIとの関係性がとりにくい、つまりROEの向上というトップの経営目標と現場の改善活動をつなげることが難しいという致命的な限界があります。この点については第10章で詳しく取り上げます。

2）因果関係チャート方式

関係性に注目して経営課題や目的を線や矢印で結んで表現するものです。この方式の一般的なフレームワークとしては、因果関係図、原因マップ、原因チェーン、そしてTQMのツールの一つであるフィッシュボーンチャート（特性要因図）があり、いずれも実務で良く使われているフレームワークです。ここでは「因果関係チャート方式」と呼ぶことにします。

図表9.2　KPIマネジメントに利用可能なフレームワーク

例	(1) KPIツリー展開方式	(2) 因果関係チャート方式	(3) MAP展開方式
特徴	・財務KPI中心の展開	・課題や目的中心の展開	・四つの視点で、財務の視点と非財務の視点の関係性をとる ・「目的」を介してマネジメントと現場のKPIの間の関係性をとる ・全社と部門間の関係性については、カスケード機能を採用する
例	・デュポン・ツリー ・ROEツリー ・ROAツリー	・因果関係図 ・フィッシュボーンチャート（特性要因図）	・BSCの戦略マップとBSC ・BMMのBM-MapとBM-DB
課題	・財務KPIと現場のKPI（非財務KPIが中心）との関係性がとりにくい	・特段KPIは取り込まれていない	・大きな課題はない

この方式は、ＫＰＩを特段に意識したものではない点、つまり、経営課題や目的の関係づけが中心で、ＫＰＩは取り上げられないという問題があり、ＫＰＩマネジメントのフレームワークとしては改良の余地があります。

3) MAP展開方式

１９９２年に新たな業績評価システムとして提唱され、以来20年以上の永きにわたって世界各国のマネジメントの現場で活用され進化してきたマネジメント・システムにキャプランとノートンが提唱した「戦略マップ／ＢＳＣ（バランス・スコアカード）」があります。（２・２節参照）

また、ビジネスモデルをマネジメントするために著者が開発した「ビジネスモデル・マッピング」があります。（２・４節参照）

ここでは、この戦略マップ／ＢＳＣとビジネスモデル・マッピングの二種類を総称して「ＭＡＰ展開方式」と呼ぶことにします。

この「ＭＡＰ展開方式」は、四つの視点で、財務の視点と非財務の視点の関係性を明確に示すことができ、また「ＫＰＩツリー展開方式」のようにＫＰＩそのものの分解にこだわることなく、目的（戦略目的やビジネスモデルの構成要素）を介してマネジメントと現場のＫＰＩ間の関係性をとることが可能であるといった優れた側面を持っています。

本書では、ＲＯＥの向上を支援するＫＰＩマネジメントのフレームワークとして、この「ＭＡＰ展開方式」を活用することを推奨します。

それでは、次章で「ＫＰＩツリー展開方式」の限界と「ＭＡＰ展開方式」の概要と有効性について詳しく見ていくことにしましょう。

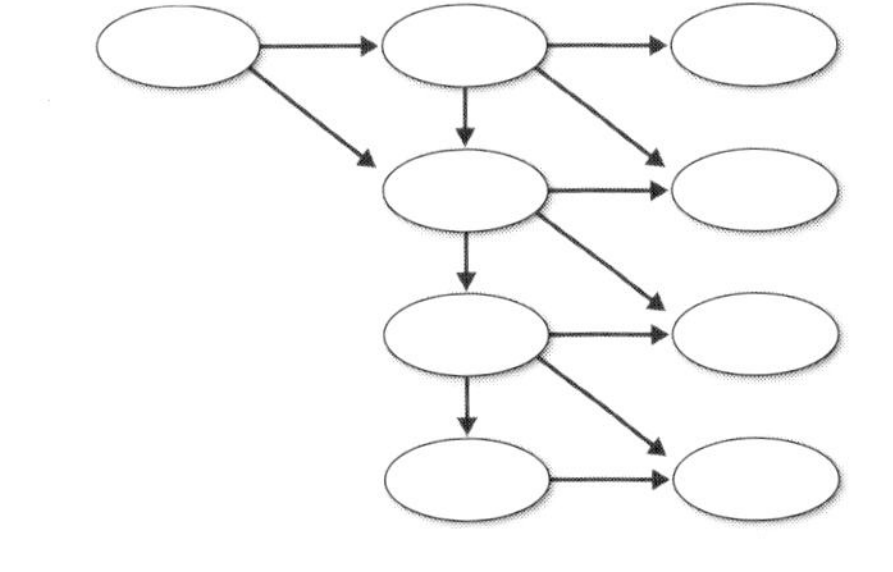

第10章 KPIツリー展開方式とその限界

10.1 ROEの現場への落とし込み

1）「伊藤レポート」掲載の「ROEツリー」

今回の第二次ROEブームの引き金となったアベノミクス成長戦略の一連のアクティビティの一つとして、第1章で紹介した経済産業省の「『持続的成長への競争力とインセンティブ』プロジェクトの最終報告書」（いわゆる「伊藤レポート」2014年8月発行）では、ROEについて次のように触れられています。

＊「ROEの向上は確かに経営者の責務であるが、それを各種指標に分解し、現場にまで落とし込むことによって、現場の高いモチベーションを引き出すことも重要である。現場力を伴ったROE向上こそ日本の経営スタイルに適合する。それは『日本型ROE経営』ともいえる。」（「基本的な問題意識とメッセージ」より抜粋）

＊「多様な業種を想定した汎用的なものであり、全ての分解要素が一つの企業に当てはまるものではない。」との限定文を付けて「ROEの分解事例」として**図表10・1**に示すROEツリーが紹介されています。（本文の「3．ROEと資本コスト、資本規律」の3・2より抜粋）

図表10.1　ROEの分解事例（「伊藤レポート」掲載）

- ROE
  - ①純利益率
    - 税前利益率
      - 売上高粗利率
        - 限界利益率
        - 単価(売価)
        - 数量効果
        - ロイヤリティ収入
      - 売上高原価率
        - 売上高減価償却費率
        - 単価(原価)
        - 数量効果
        - 稼働率
        - 価格ヘッジ(原材料、燃料、為替等)
      - 売上高販管費率
        - 営業費用・管理費用
          - 一人当たり売上高
          - 一人当たり営業利益
          - 販促費
          - 広告宣伝費
          - 契約更新率(継続率)
          - 外部委託(アウトソース)
        - 研究開発費
          - インライセンシング
          - ライセンスアウト
      - 営業利益率
      - EBITマージン
      - EBITDAマージン
    - 法人実効税率
  - ②売上高資産回転率
    - 売上高流動資産回転率
      - 在庫回転日数
        - リードタイム
        - 日販
        - 既存店売上
        - 受注残
        - 在庫処分、廃棄
      - 現金回収サイクル
        - 売掛金回転日数
        - 買掛金回転日数
    - 売上高固定資産回転率
      - 稼働率
      - 歩留り
      - 設備投資(能力増強、メンテナンス)
      - 床面積当たり売上高
  - ③財務レバレッジ
    - 有利子負債比率
    - 有利子負債/EBITDA
    - インタレスト・カバレッジ・レシオ
    - コアTier1比率
    - 外貨調達

注)・①～③はデュポン分解として知られる3要素分解：(当期純利益/売上高) × (売上高/総資産) × (総資産/株主資本)
・多様な業種を想定した汎用的なものであり、全ての分解要素が一つの企業に当てはまるものではない。
(出典：「持続的成長への競争力とインセンティブ」プロジェクト　最終報告書2014年8月経済産業省)

2)【クイズ】「ROEツリー」でどこまで現場に落とし込めるか

では、この「伊藤レポート」に掲載された「ROEツリー」を参照して、次の二点を確認してみることにしましょう。

①このROEツリー上に展開されているKPIの中で、「非財務のKPI」に該当するものに印を付けてください。ここで「非財務のKPI」とは第7章のKPIタイプで取り上げた基本的な分類で、財務数値によらない、オペレーショナル（業務的）なKPIを指すものとします。

②上記の結果を踏まえた上で、このROEツリーによる方式で、ROEと「非財務のKPI」との関係性を充分に抑えることができましたか、つまり「ROEは現場にまで落とし込まれている」と判断できたでしょうか考えてみてください。

10.2 KPIツリー展開方式の限界

1）検証結果

皆さんの確認の結果と判定はいかがでしたか。

ROEツリーは、財務諸表のカテゴリーや勘定科目を展開・分解していく手法であるため、現場まで落とし込まれたKPIはツリーの最先端である図表の右側にあるはずです。

非財務のKPIに該当するものは、ツリーの右端のKPIの上から順番に見ていくと、

・売上高原価率の下位に「稼働率」があります。実際の工場の機械装置の稼働時間などから算出される場合は、非財務のKPIに該当します。

・「在庫回転日数」や「現金回収サイクル」については、計測単位は日数になっていますが、計算自体は残高を売上高や仕入高などで割って計算できるもので、財務のKPIです。

・在庫回転日数の下位にある「リードタイム」は納期のことで、ロジスティクス領域で用いられるKPIです。計測単位は通常は日数で、ジャスト・イン・タイム環境の場合は時間数で測定される非財務のKPIです。

このようにROEツリーを検証してみると、現場では非財務のKPIで管理されている場合が多く、とても現場にまで落とし込めてはいないことが確認できます。

2）「KPIツリー展開方式」の限界

モノやサービスの性能を測る基本的な視座である「Q・C・D（品質・コスト・納期）」の各側面で見れば、

・「ハードのKPI」であるC（コスト）については、財務金額ベースで分解することが可能です。

・D（納期）で表現されたKPIについても、資

産回転率や資産回転期間として財務金額ベースである程度は分解することが可能です。

・残念ながら、「ソフトのＫＰＩ」であるＱ（品質）などについてはＲＯＥ他の財務のＫＰＩとの関係を直接的に確認することはできません。

ＲＯＥツリーはＫＰＩを分解する有用なフレームワークの一つであることは、まぎれもない事実です。しかしながら、ＲＯＥツリーやＲＯＡツリーに代表される「ＫＰＩツリー展開方式」は、あくまで、貨幣価値をベースにした財務諸表の分類や勘定科目と分解・展開の域を出るものではありません。

このことから、「伊藤レポート」で提言されている「日本型ＲＯＥ経営」つまりＲＯＥを各種指標に分解し、現場にまで落とし込むことによって、現場の高いモチベーションを引き出す現場力を伴ったＲＯＥ向上のフレームワークとしては、ＲＯＥツリーは充分とは言えないのです。

3）解決策

①ＢＳＣがとった解決策

ＫＰＩには単純にそれを分解できるもとと、分解できないものがあることを理解し受容することが重要なのです。

では、どのようにしてＲＯＥ・ＲＯＡとオペレーショナル／現場のＫＰＩにつなげたらよいのでしょうか。

財務のＫＰＩでは、現場まで関連付けることが十分できないのであれば、無理に分解する必要はないのです。この場合、ＫＰＩで測ろうとしている目的（や課題）は何かに焦点を当てて、主たる「目的」を展開した後で、展開された目的を測るＫＰＩを見つけ出せばよいのです。

この方式はＢＳＣの発展の過程で、世界の組織が学習してきた方式です。

②その他の創意工夫

このＲＯＥツリーではＲＯＥと現場のＫＰＩを関連付けられないという課題については、他にも創意工夫がなされているので、いくつかを紹介しておきましょう。

＊大手電機製造企業の例

パナソニックでは、ＣＣＭ（キャピタル・コスト・マネジメント）の向上のロジックを示すＣＣＭツリーで分解した部門長レベルの財務のＫＰＩに対して、現場の施策を関連付ける方法により、現場まで関連付ける方法を開発していました。

＊大手精密機械製造企業の例

オムロンでは、「逆ＲＯＩＣツリー」展開を始めとした定量的マネジメントに加えて、財務の知識を持たない社員にもわかりやすい内容にして、現場へのさらなる理解促進と進化を目的に、現場の活動の質の向上と強化を目指した定性的な「翻訳式」を開発し活用を始めているとしています。

（オムロン 統合レポート２０１５）

第11章 MAP展開方式の活用

11.1 視点を組み込んだ「MAP展開方式」

「MAP展開方式」は、戦略の見える化のフレームワークである戦略マップ／BSCと、ビジネスモデルの見える化のフレームワークであるビジネスモデル・マッピングに共通するKPIの展開方式です。**図表11・1**は、KPIの「MAP展開方式」によるフレームワークとして著者が提案している「MAP」とBSC、BM―Mapとを比較して示したものです。

「MAP」は、**図表11・2**に示すように、KPIフレームワークとして「視点」を組み込んでいることに特徴があります。

この四つの視点は、樹木になぞらえて説明されます。

・「財務の視点」は、今期たわわに実った「果実」を意味し、これは今までの努力が実を結んだ結果です。

・「顧客の視点」が「枝葉」で光合成を、

・そして「バリューチェーンの視点」が「幹」にあたり、これらが栄養を運んでくれるのです。

・そして、通常、地中にあって見ることができないが最も重要な「根っこ」に当たる部分が、「経営資源の視点」となっています。つまり、四つの視点を跨った原因と結果の関係が表現されているのです。

図表11.1　「MAP」とBM-Mapと戦略マップ

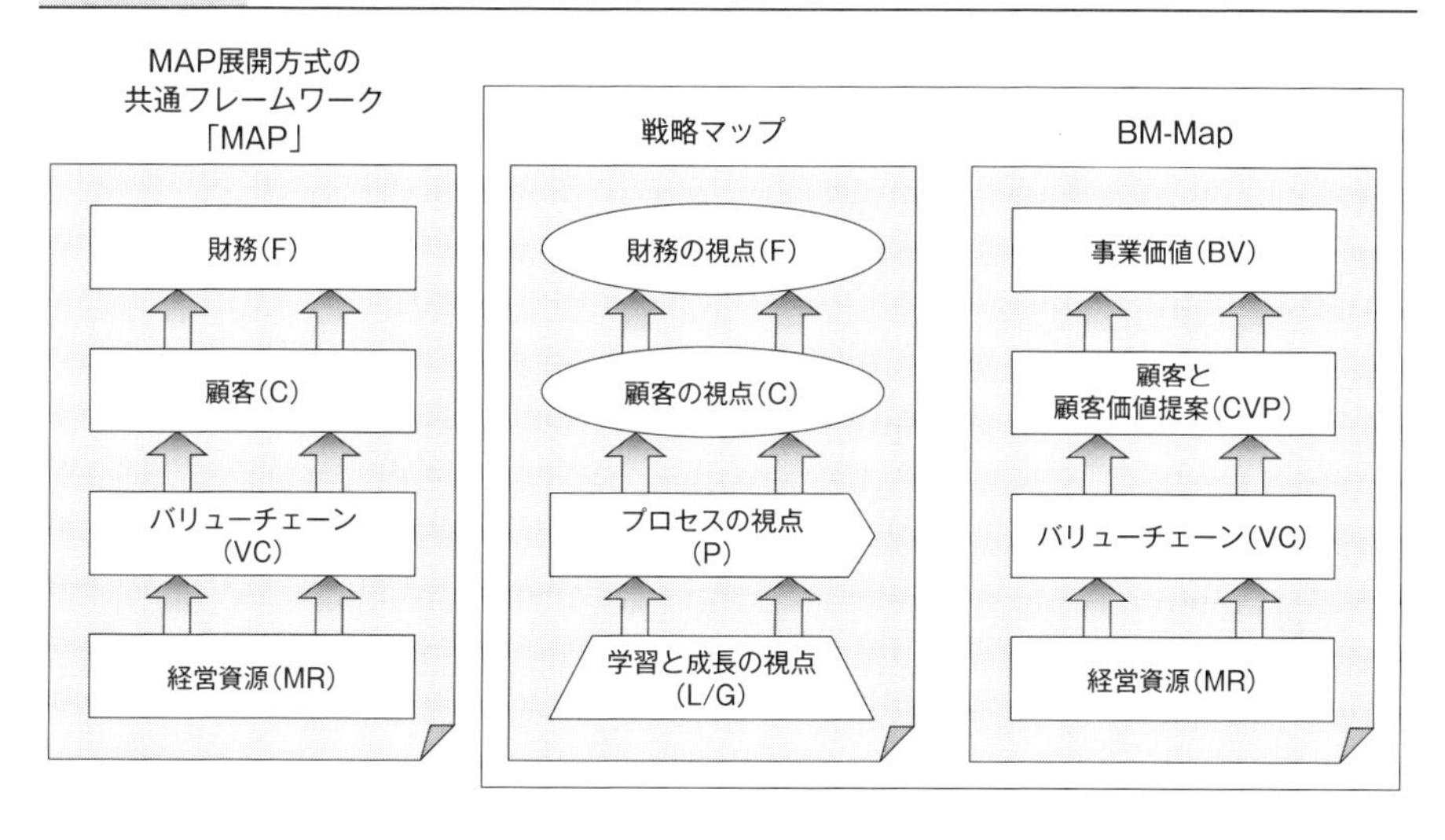

図表11.2　KPIフレームワークとしての「MAP」の構造

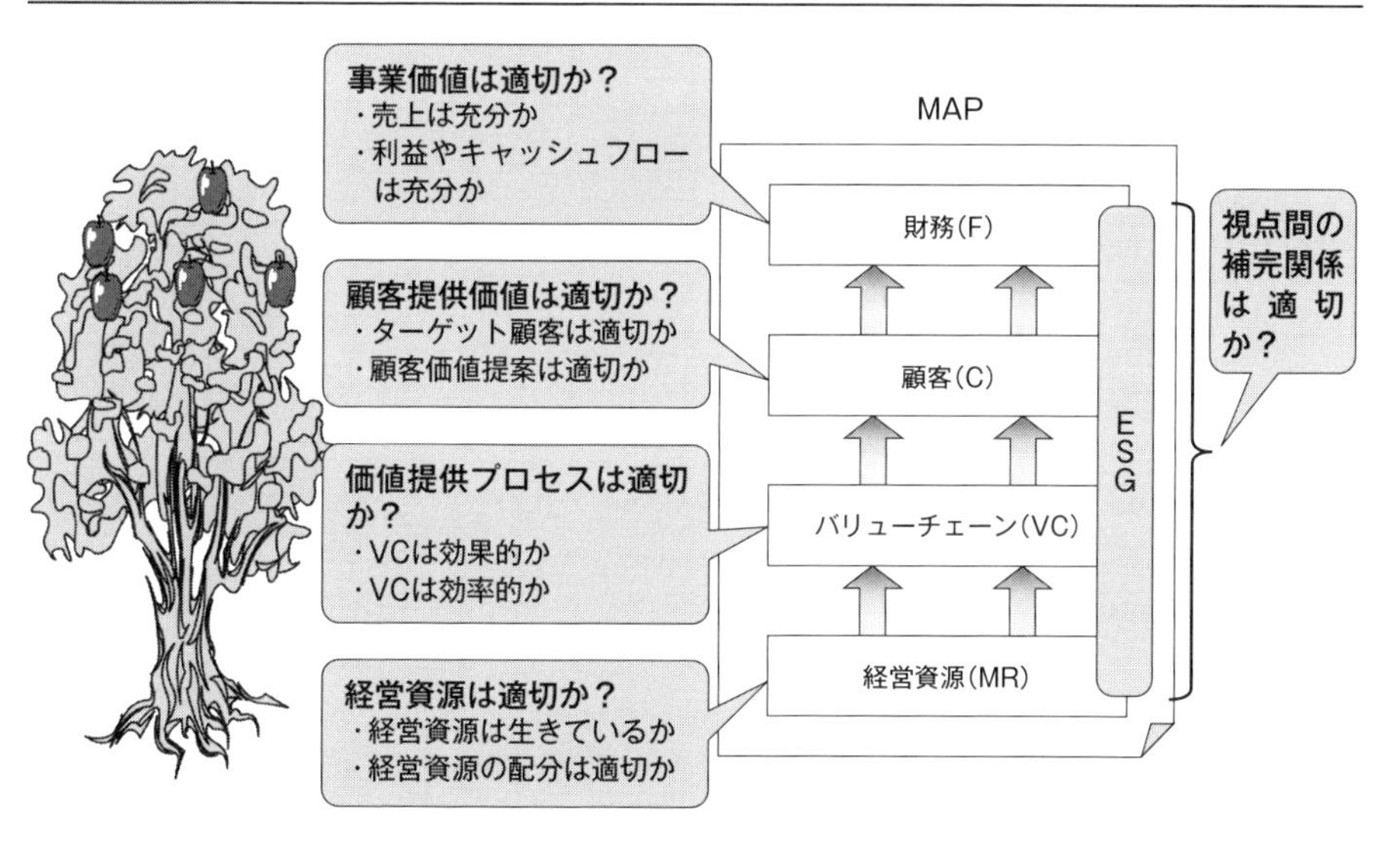

11.2 KPIではなく「目的」を展開

1）「目的が第一、KPIは第二」

「MAP展開法」では、視点ごとに直ちにKPIを設定するのではなく、まず「目的」を設定するアプローチをとります。これは、財務のKPIを分解することの限界を解決すると共に、本質を掴むことに焦点を当てさせることにつながります。

この「目的が第一、KPIは第二」の発想は、BSCの発展の過程における学習から生まれてきた知恵と言ってよいでしょう。BSCの世界では、KPI中心から、まず戦略目的を展開して、その後にKPIを選定するアプローチへと進化してきました。

BSCの発展段階の第1ステージ「多面的業績評価のツールとしてのBSC」では、対象を測ること、つまり「KPIを重視」していました。第2ステージ「戦略コミュニケーションのためのツール」以降のBSCでは、戦略を対象とするため、スコアカードの前に、まず戦略マップの作成から始め、戦略の道標としての「戦略目的を重視」する方式に進化したのです。つまり、KPIはあくまでも戦略目的の達成状況を確認するものとして、戦略目的に従属する関係となったのです。

2）目的を中心に発想する

ここで「目的」は、BSCなら「戦略目的」、BM－Mapなら「重要要素」が該当します。

BSCの戦略目的は、「戦略が達成すべき項目」や「戦略の成功にとって重要な項目」を指し、戦略の内容をより具体的に説明する「道標」の役割を果たします。また、BM－Mapの「重要要素」は、ビジネスモデルを構成するキーファクターを指し、ビジネスモデルの内容をより具体的

図表11.3　目的間の連鎖はKPI間の連鎖により裏付ける

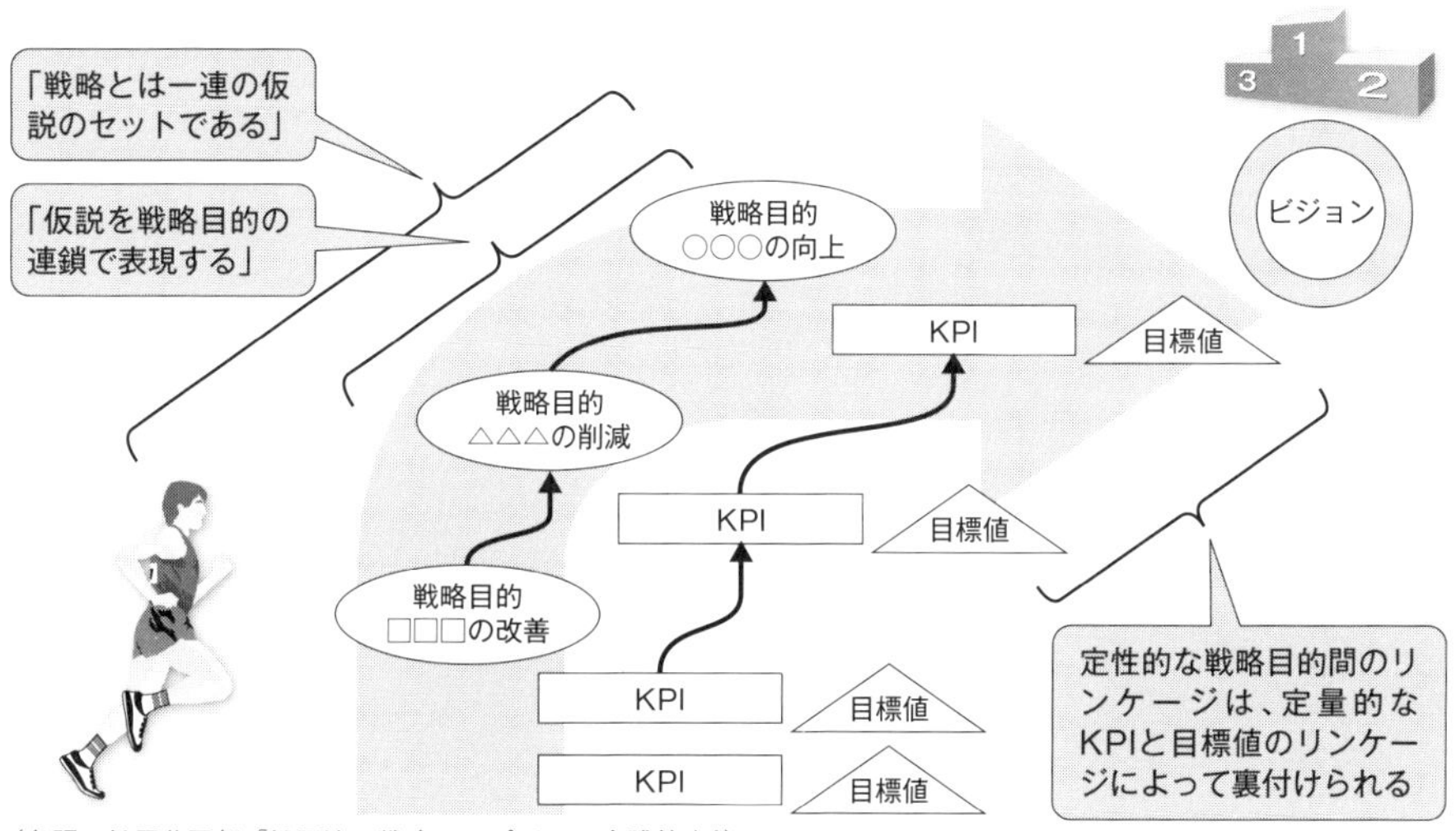

（参照：松原恭司郎『松原流：戦略マップ／BSC実践教本』）

に説明する役割を果たします。

3）目的間の連鎖はKPI間の連鎖により裏付ける

戦略マップ／BSCを例にとって、「戦略目的」と「KPI」の関係についてもう少し説明を加えることにしましょう。

戦略とは組織体が未だ経験したことのない事業領域や施策を計画することであり、「戦略とは、仮説のセットである」と言われています。戦略マップは「戦略目的」の連鎖（仮説）のセットによって、戦略を可視化しようとするものです。

「○○○を向上させるために、△△△を削減する」という仮説を表現するために、戦略マップでは**図表11・3**に示すように、それぞれの戦略目的の間を線や矢印で結んでリンケージ（因果関係）を示しています。

定性的な戦略目的間のリンケージは、定量的なKPIと目標値のリンケージによって裏付けられることになります。

第5部

【HOW】ROE他財務のKPI向上のためのレシピ

□ 第12章「ROE向上のためのレシピの必要性」として、財務分析の域を出ない「ROEツリー」分析の限界について事例をもって確認し、ビジネスモデルや戦略のストーリーを描くことの重要性を説明します。そしてソリューションとして、

□ 第13章「顧客価値提案を柱とする『MAPレシピ』」では、顧客価値提案の「戦略タイプ」を組み込むことの重要性について、そして、

□ 第14章「ビジネスモデルのパターンを取り込んだ『「MAPレシピ』」で、ビジネスモデル・パターンを考慮することの重要性について、戦略マップの事例を参照しながら解説します。

第12章

ROE向上のためのレシピの必要性

12.1 財務分析の域を出ない「ROEツリー」分析

1)【クイズ】アパレル業界主力2社のROEツリー分析

ユニクロほかを運営するファーストリテイリングと、しまむらは、共に日本を代表するカジュアル衣料の大手企業です。**図表12・1**は、「ROEツリー」のフレームワークに準拠する形で、両社の適時開示情報である「決算短信」に掲載されている情報から引用または算出した財務のKPIとその数値です。ファーストリテイリングは国際会計基準（IFRS）を、しまむらは日本基準を採用しています。

ROEを、まず①売上高当期純利益率（ファーストリテイリングは親会社所有者帰属当期純利益）、②総資産回転率、そして③レバレッジ比率の三つの要素に分解し、必要に応じて更に細かく分解するなど、関連する財務のKPIを示してあります。

両社のROEツリーの分析結果を基に、両社の要改善領域を指摘してみましょう。

2) ROEツリーを使った財務分析による評価コメント

ROEツリーのフレームワークを用いた財務分析を実施していくと、通常次のような分析、評価

図表12.1　ROE／ROA分析を使った改善・改革提案

会社名	ファーストリテイリング	しまむら
会計基準	国際会計基準	日本基準
分析対象決算期	2014年8月期	2015年2月期
◆ROE	12.5%	8.4%
◆ROA	14.3%	12.0%
①売上高当期利益率	5.39%	4.55%
・・売上総利益率	50.6%	31.73%
・・売上高販売売費及び一般管理費率	39.7%	24.72%
・・売上高営業利益率	9.4%	7.2%
②総資産回転率	1.46回	1.59回
③レバレッジ比率	1.59	1.16
・・自己資本比率	62.3%	86.6%

注）
・データは両社の「決算短信」に掲載されている情報から引用または算出した。
・貸借対照表項目の残高は、期首と期末の平均値を用いて算出している。

がなされるでしょう。

「自己資本比率」は両社共に高く、特に、しまむらは86・6％と非常に高い状況にあります。これがしまむらの「レバレッジ比率」を下げて、ROAに対してROEを押し下げる要因になっています。

次に、損益計算書関連を見てみると、個々のカテゴリーの二社間比較を見るかぎり、両社共にカイゼンの余地が大きいことに気づくでしょう。つまり、

①「売上総利益率（いわゆる粗利）」は両社共に高い方ですが、二社間比較では、しまむらは、31・73％とファーストリテイリングの50・6％と比較するとかなり低いことがわかります。

このことから、しまむらに対して、売上原価つまり仕入値の大幅な低減策を打つべきだと提言することが考えられます。

②一方のファーストリテイリングは、「売上高販売費一般管理費比率」が39・7％と、しまむらの24・72％と比較するとかなり高いことがわかります。

このことから、ファーストリテイリングに対し

て、販管費比率の大幅な低減策を打つべきだと提言することになるでしょう。

「ROEツリー」のフレームワークを活用するかぎり、ROEの三分解の一つの構成要素である「売上高当期利益率」を改善する以上のような評価コメントは至極合理的な判断といえるでしょう。

12.2 ビジネスモデルや戦略のストーリーを描く

1）両社のビジネスモデルの違いに着目する

この両社の損益計算書の構造の違いは、単純な経営の努力不足ということではなく、両社のビジネスモデルの違いに大きく起因しているのです。

図表12・2は、衣料品業界の中における、ファーストリテイリングのユニクロ事業と、しまむらのビジネスモデルの違いを示した「BM—Tree（ビジネスモデル・ツリー）」です。

2・4節で紹介したBM—Treeは、著者が提唱するビジネスモデル・マッピングで用いられるフレームワークの一つで、組織のビジネスモデルを大局的に把握するものです。

①ファーストリテイリングのメイン事業であるユニクロ事業は、図表の中央に示したアパレル企業の米GAP社が開発した「SPA（Specialty store retailer of Private label Apparel：製造小売業）」というビジネスモデルを採用しています。

ユニクロ事業では自社工場は抱えてはいませんが、東レとの素材の共同開発、製品の企画・開発、中国・プラス・アザーズの協力工場への生産委託と、全品買い取りなどにより、仕入原価を圧縮しているのです。このビジネスモデルを採用しているために「売上高総利益率」が50・6％と高くなっているのです。

ただ、都会の一等地への旗艦店の進出や、在庫を売り切るための新聞折り込みチラシ広告や全国的なテレビCMの提供など、販売費に大きなコストをかけています。

②一方の、しまむらは、図表の右側に示したように返品制度という慣行が残る伝統的な衣料品小売業の中で、全品買い取りにより仕入れ値を低減すると共に、物流システムの効率化やローコストの店舗運営により販管費を大幅に低減する

図表12.2　BM-Tree〈解析版〉　衣料品業界のビジネスモデル

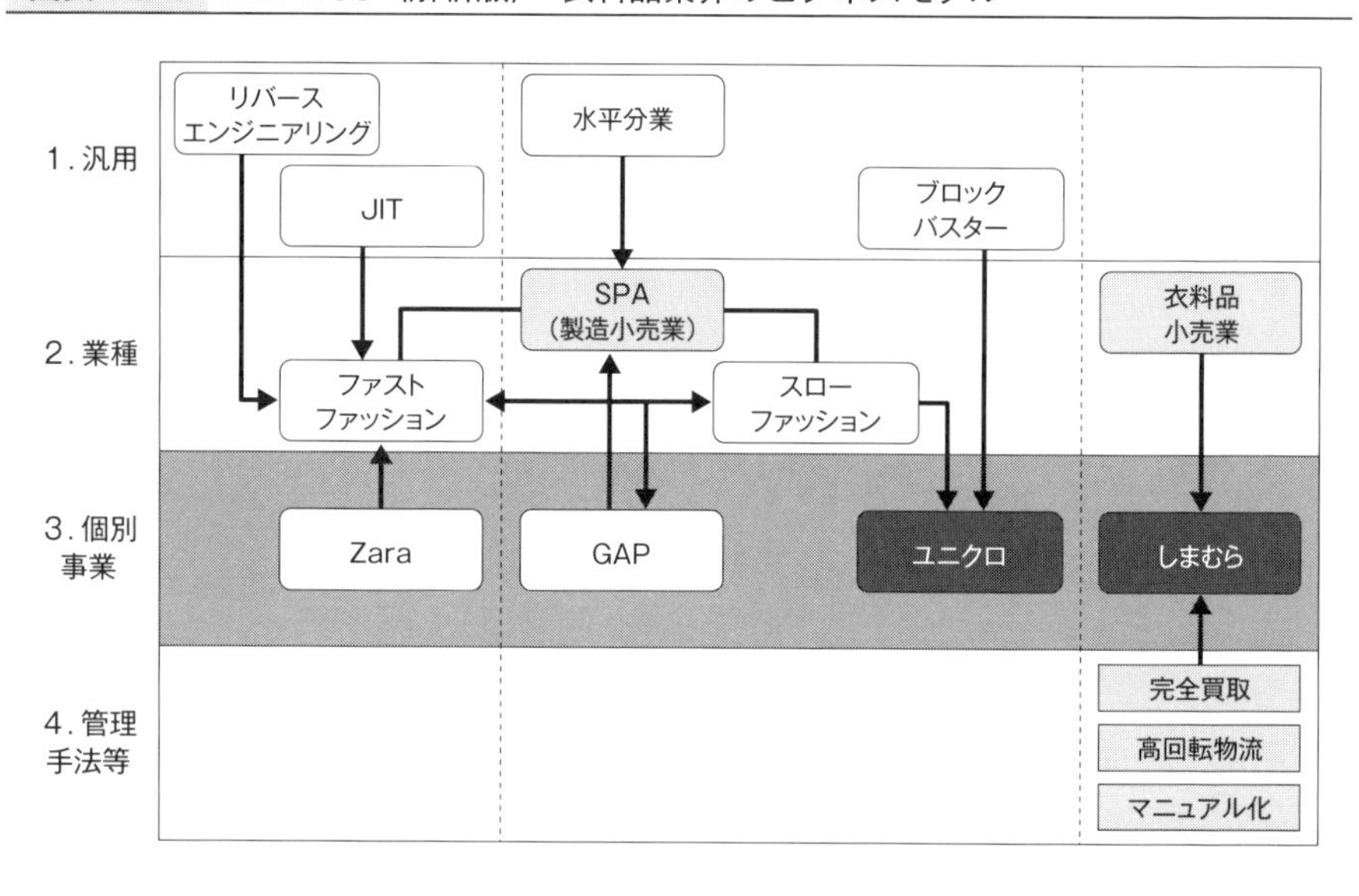

ビジネスモデルを主体としています。

2) ROE他財務のKPI向上の「MAPレシピ」を持とう

ROEを含めて企業価値、事業価値、株主価値を測る財務の視点のKPIは、企業活動の成果です。ここで、料理のレシピ（調理法を記述したもの）を思い浮かべてみましょう。料理のレシピにたとえるなら、最上位に位置する「視点」や「目的」がサーブしようとする料理であり、その下位を構成する視点や目的はその料理に使う材料に相当します。夕飯にオムライス3人前をつくるには、適切なレシピ（製造業で言えば部品表）と食材（同、部品）そして料理設備が必要になるように、「MAP展開方式」にも料理のレシピに相当するパターンとして「MAPレシピ」を持つ必要があります。

次の二つの章では、レシピのパターンとして、MAP（つまりKPI）の設計に役立つ、

①戦略タイプ
②ビジネスモデル・パターン

について紹介します。

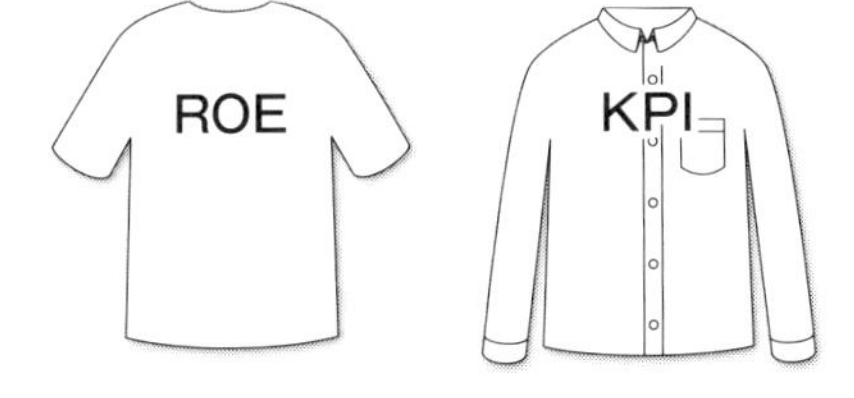
ROE
KPI

第13章 顧客価値提案を柱とする「MAPレシピ」

13.1 顧客価値提案に合わせよ

1）顧客が出発点

マネジメントの巨星ピーター・ドラッカーは、次のように記しています。

＊「企業の使命と目的を定義するとき、出発点は一つしかない。顧客である。顧客を満足させることが、企業の使命であり目的である。したがって、我々の事業は何かとの問いは、企業を外部すなわち顧客と市場の観点から見て、初めて答えることができる。」

＊「マーケティングは顧客からスタートする。すなわち現実、欲求、価値からスタートする。『われわれは何を売りたいか』ではなく、『顧客は何を買いたいか』と問う。『われわれの製品やサービスにできることはこれである』ではなく、『顧客が価値ありとし、必要とし、求めている満足がこれである』と言う。」

2）全てのシステムを顧客価値提案に合わせよ

経営戦略学者のマイケル・ポーターも、「効果的な戦略とは、顧客価値提案に全てのシステムを合わせる」ことであるとしています。ポーターのいう「顧客価値提案（ＣＶＰ：Customer Value Proposition）」とは、**図表13・1**の上段に示すように、「低コスト」で勝負するのか、それとも「差

図表13.1　KPIレシピ～顧客価値提案の戦略タイプ

マイケル・ポーター（1985）	低コスト low-cost	差別化 differentiation	
トレーシーとウィアセーマ（1995）	業務の卓越性 operational excellence	顧客との親密性 customer intimacy	製品の革新性 product inovation
戦略タイプ	業務の卓越性 （オペレーショナル・エクセレンスまたはベスト・トータル・コスト）	顧客との親密性 （カスタマー・インティマシーまたはベスト・トータル・ソリューション）	製品の革新性 （プロダクト・イノベーションまたはベスト・プロダクト）
解説	業務の効率を上げて、一定の品質の製品やサービスを低価格で提供することにより、顧客に価値を提案する企業で、T型フォードの「フォード型」。	製品の革新性を売るでもなく、低価格路線でもない戦略で、顧客の持つ課題を察知し、的確なソリューションを提供することにより顧客に価値を提案する企業で、ソリューション営業のはしりとして有名なIBM社の創設者であった「ワトソン型」。	革新的な製品やサービスを継続的に提供することにより、顧客に価値を提案する企業で、発明王の「エジソン型」。
キムとモボルーニュ（1997）	バリュー・イノベーション value innovation		

（出典：松原恭司郎『松原流：戦略マップ／BSC実践教本』）

別化」で勝負するかの何れかの選択を意味します。

　このことを戦略マップなどのMAP上では「縦の因果関係」として表現します。財務の視点と顧客の視点で定義した価値提案に、バリューチェーンの視点と経営資源の視点という内部の視点を合わせるという構造になります。

13.2

顧客価値提案の「戦略タイプ」

「顧客価値提案の三つの戦略タイプ」は、マイケル・トレーシーとフレッド・ウィアセーマが１９９７年に著した『ナンバーワン企業の法則』で提唱した、顧客の視点に立った戦略を策定するためのフレームワークです。

トレーシーとウィアセーマによれば、マーケットでリーダーの位置にあった80社を研究したところ、図表13・１に示すように、それらの企業は顧客に提案する価値のパターンを鮮明にしており、次の三つの戦略タイプの何れかであることが判明したとしています。

①業務の卓越性…品質の良いものを、より安く
②顧客との親密性…顧客の課題を解決するソリューションを提供
③製品／サービスの革新性…革新的な製品／サービスを継続的に提供

通常、顧客価値提案は、このトレーシーとウィアセーマが提唱した三分類を用いますが、これに、キムとモボルニュが提唱している次のバリュー・イノベーション（価値革新）を加えると四分類となります。

④バリュー・イノベーション…低コスト（業務の卓越性）と差別化（顧客との親密性または製品の革新性）を同時に達成

ファーストリテイリングとしまむらは、戦略タイプは共に「業務の卓越性」を採用しています。それを実現するビジネスモデルとして、ファーストリテイリングが「ＳＰＡ（製造小売業）」を採用し、しまむらは従来のアパレル小売業のビジネスモデルの上に買い取り方式の採用や、ロジスティックスを徹底的に効率化するビジネスモデルを構築しているのです。

13.3

戦略タイプ別の「MAP」の特徴

組織体が中期経営計画で「ROEの向上」という戦略目的を掲げて、それを達成する戦略や施策を説明するには、この戦略テーマのタイプのどれを選択するかにより、**図表13・2**、**図表13・3**、**図表13・4**に例示するようなMAPを構築し、その達成を測るKPIとその目標値を設定し、モニタリングしていくことが有効です。

顧客価値提案の三つの戦略タイプを表現した戦略マップを作成する場合には、戦略上最も重要な柱を明確にする必要があります。それは、「顧客の視点」で明確にした差別化要素を起点として、上位の財務の視点、そして下位の業務プロセスの視点と学習と成長の視点（経営資源の視点）へと、四つの視点を串刺して流れる一連の因果関係の大きな流れを、著者は「メイン・ストリーム」と呼んでいます。

以下の戦略タイプ別の戦略マップの例示では、メイン・ストリームをメッシュのついた戦略目的で示しています。

また、戦略マップの表記方法としては、図表13・2を例に挙げて説明すれば、「生産性の向上」のように長方形で示されているものは、「戦略テーマ」を意味し、「戦略目的」は楕円形で示しています。「KPI」は戦略目的がいかにうまく達成しているかを測定し追跡する指標となります。例えば「株主価値の向上」という戦略目的を測るKPIとして「ROE」を、そしてその目標値に「8％」を設定するといった具合です。

以下で紹介している戦略タイプ別の戦略マップ上には簡略化のために、個別のKPIは記載してありません。

図表13.2 「業務の卓越性」の戦略マップ

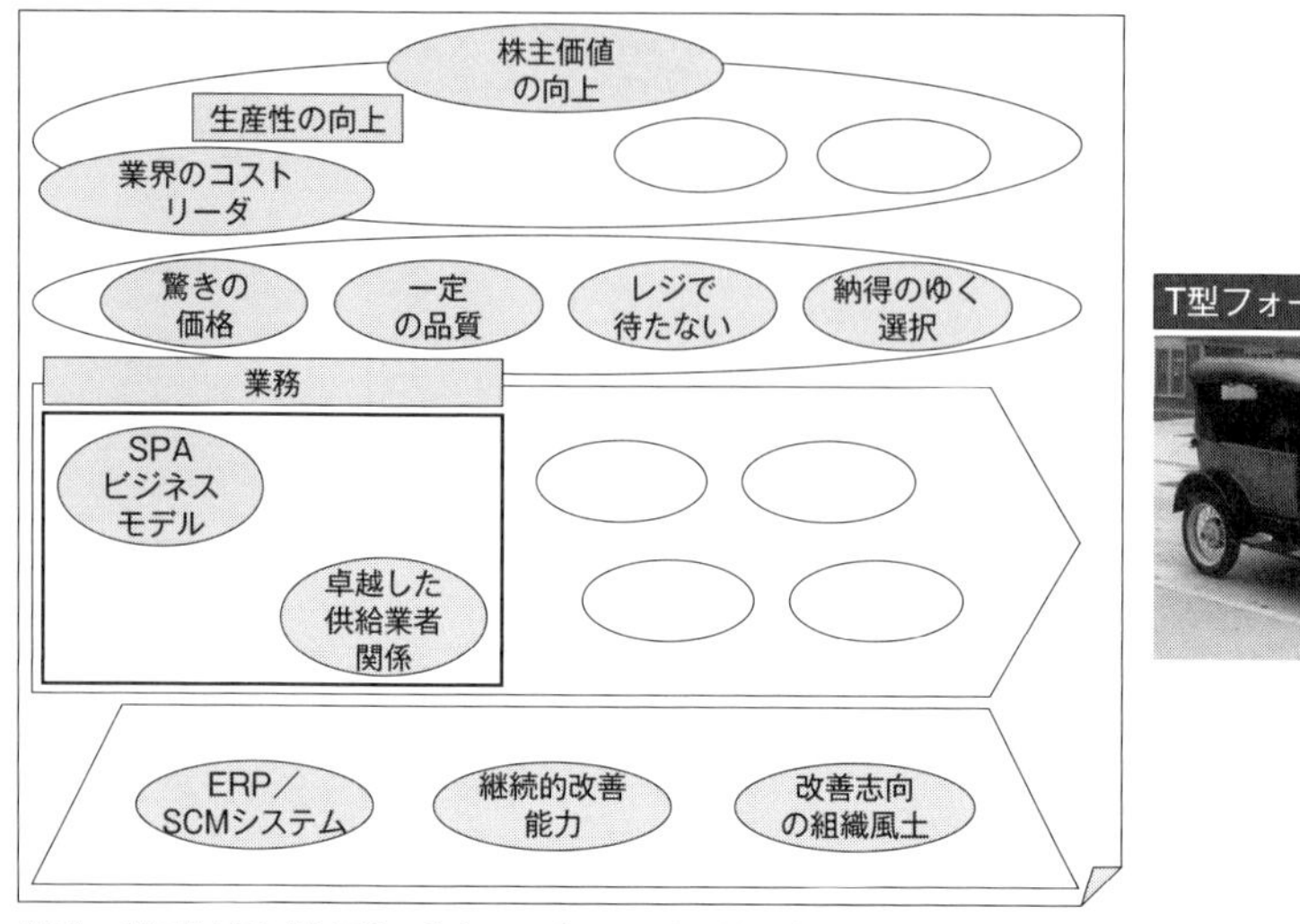

T型フォードの「フォード型」

（出典：松原恭司郎『松原流：戦略マップ／BSC実践教本』）

図表13.3 「顧客との親密性」の戦略マップ

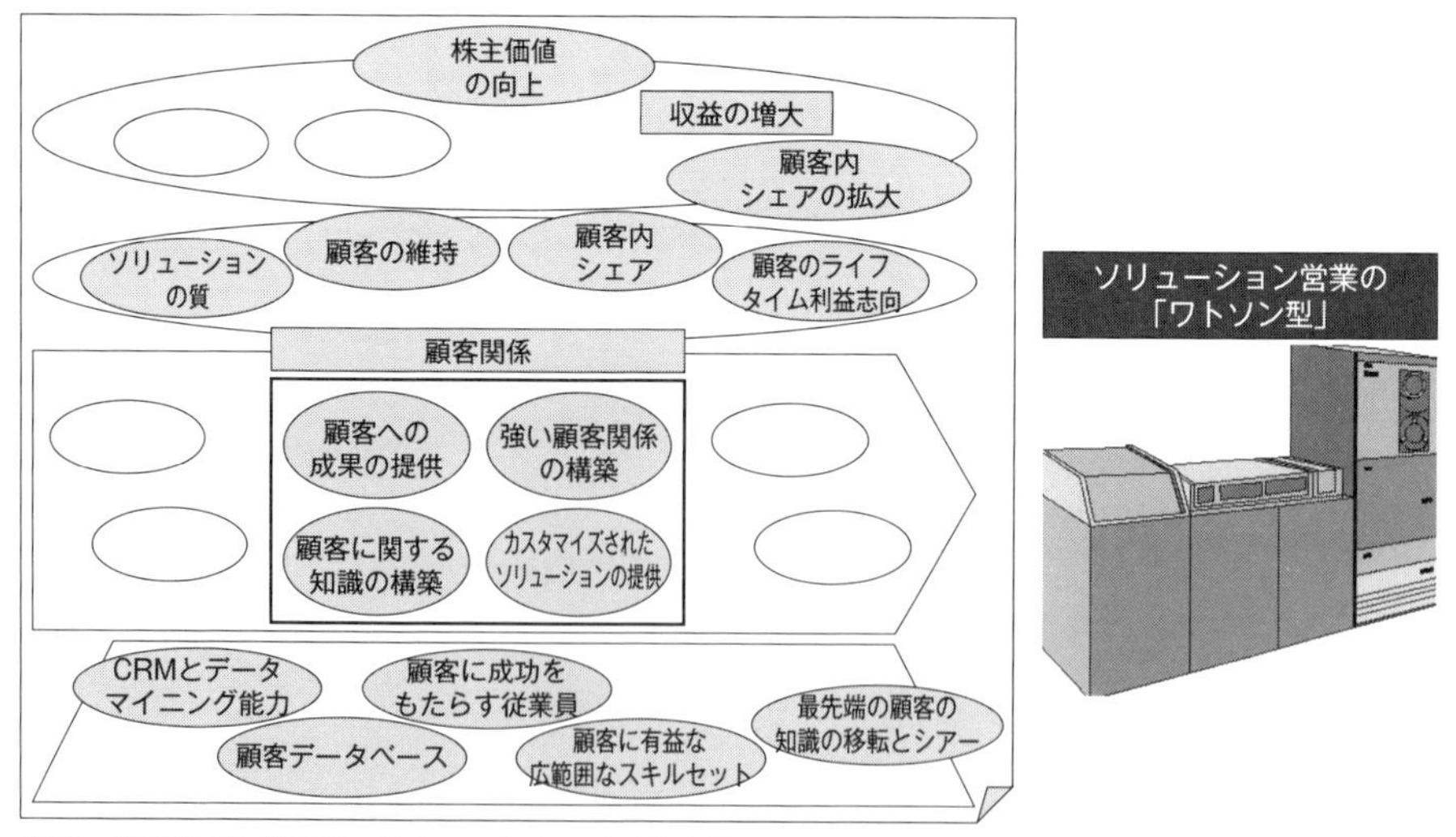

（出典：松原恭司郎『松原流：戦略マップ／BSC実践教本』）

図表13.4　「製品の革新性」の戦略マップ

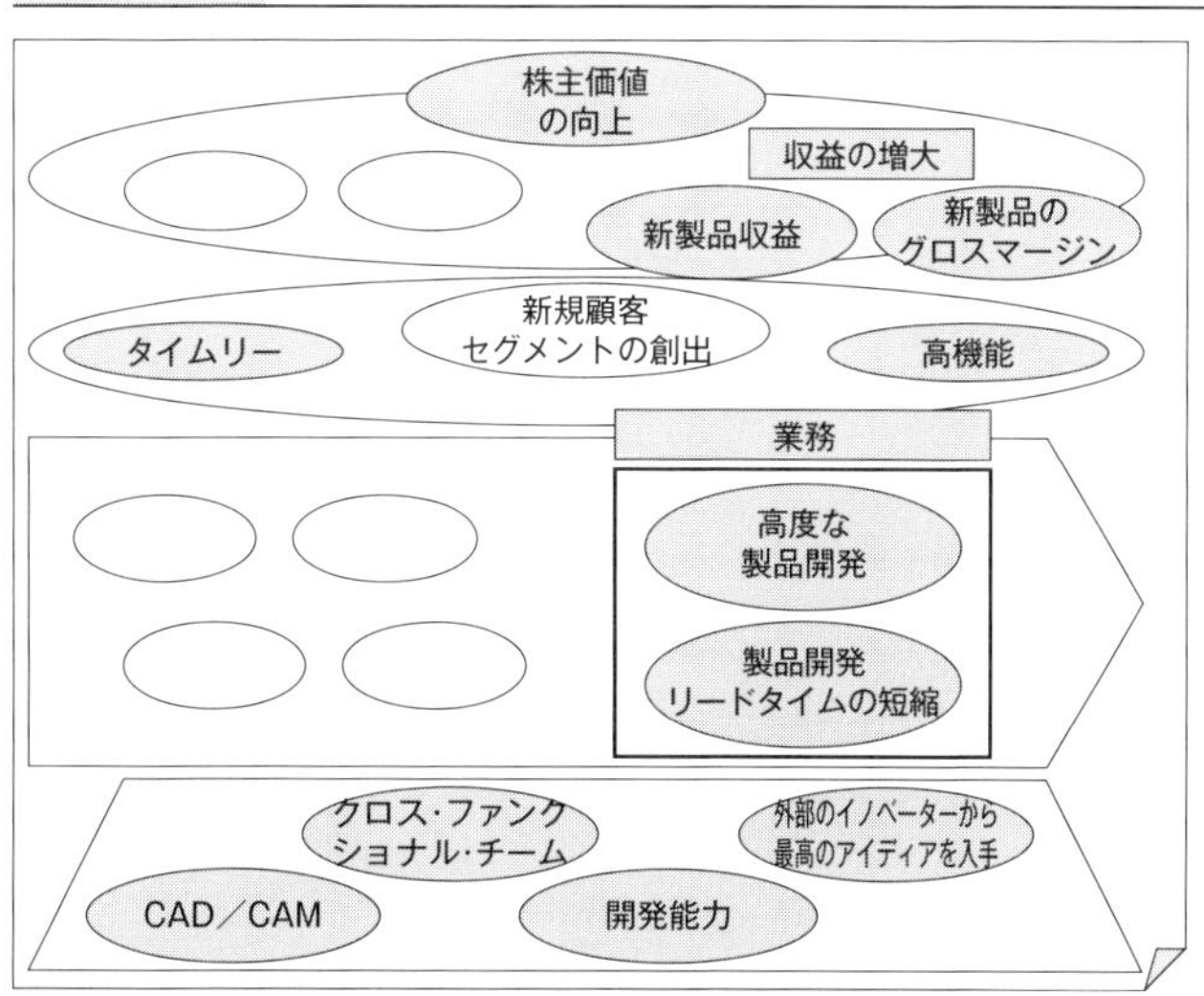

（出典：松原恭司郎『松原流：戦略マップ／BSC実践教本』）

1）「業務の卓越性」の戦略タイプ

「業務の卓越性」の戦略タイプは、いわゆる「安かろう、悪かろう」ではなく、業務の効率を徹底的に高めることにより、一定の品質の製品やサービスを低価格で提供し、顧客に価値を提案する戦略で、一部の富裕層しか持てなかった自動車を流れ作業による大量生産方式の導入により、低価格で供給できるようにしたT型フォードのヘンリー・フォードにたとえて「フォード型」とされています。オペレーショナル・エクセレンス、コスト・リーダーシップ、またはベスト・トータル・コストとも呼ぶ場合もあります。

2）「顧客との親密性」の戦略タイプ

戦略タイプ「顧客との親密性」は、低価格以外の要素を提供する差別化戦略の一つであり、低価格路線でもなく、製品の革新性を売るでもない独自の戦略です。

顧客の持つ課題を察知し、的確なソリューションを提供することにより顧客に価値を提案する企業で、ソリューション営業のはしりとして有名なIBM社の創立者であったトーマス・ジョン・ワトソン・シニアとその息子のワトソン・ジュニアを例にあげて「ワトソン型」としています。カスタマー・インティマシー、顧客との密着度、コンプリート・カスタマー・ソリューションとも呼ばれています。

3）「製品の革新性」の戦略タイプ

戦略タイプ「製品の革新性」は、革新的な製品やサービスを継続的に提供することにより、顧客に価値を提案する戦略で、発明王のトーマス・アルパ・エジソンにたとえて「エジソン型」と呼ばれています。プロダクト・イノベーションまたはベスト・プロダクトとも呼ばれています。

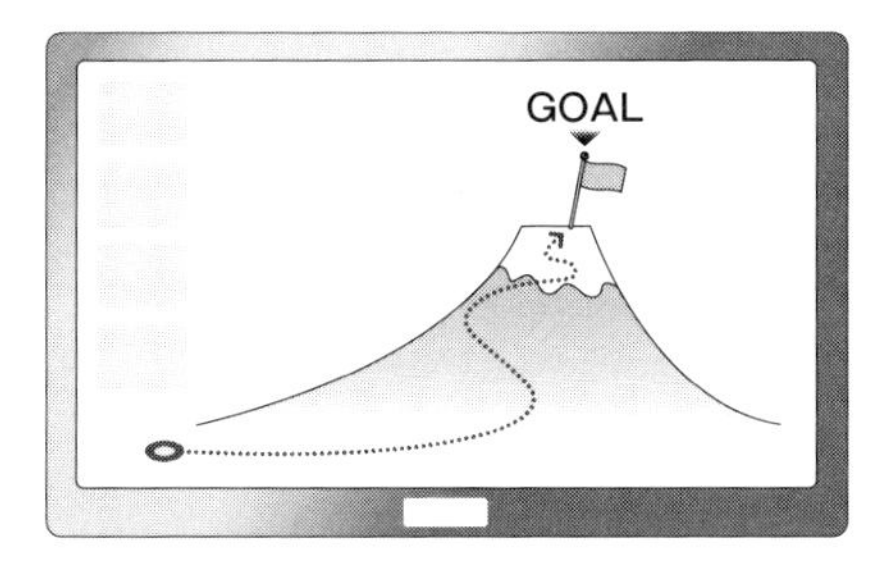
GOAL

第14章 ビジネスモデルのパターンを取り込んだ「MAPレシピ」

14.1 ビジネスモデルの代表的なパターン

第12章で検討したクイズで、ファーストリテイリングの「売上高総利益率」が50%と高かったのは、主力であるユニクロ事業がSPAというビジネスモデルを採用しているためでした。

「KPIフレームワーク」である「MAP」の設計に当たって考慮しておくべきもう一つのレシピが、ビジネスモデルであり、そのパターンです。

「事業を営んでいれば、そこにはビジネスモデルがある」と言われるように、事業が生み出した価値の優劣に拘らず、どの企業にも必ず「建付け」としてのビジネスモデルが存在しています。その中には参照に値する優れたビジネスモデルも多く存在しており、今も新たに創造され続けています。

これらの卓越した成果を生み出すビジネスモデルを単にその企業単独の事例として取り上げるだけではなく、そのビジネスモデルの本質と構造を第三者が理解し参照しやすくするために抽象化したものを、「ビジネスモデル・パターン」と呼んでいます。ビジネスモデル・パターンを理解していることは、企業のビジネスモデルを分析したり、自らのビジネスモデルの改良、改革を実施す

図表14.1 MAPのレシピ　ビジネスモデル・パターン

ビジネスモデル・パターン		件数	ビジネスモデル・パターン		件数
1. ICTが加速			(16)	価値連鎖ポジション利益	1
フリー		0	(17)	景気循環利益	1
ロングテール		0	(18)	販売後利益	0
マルチサイド・プラットフォーム		2	(19)	新製品利益	0
シェア		0	(20)	相対的市場シェア利益	6
2. スライウォツキーの23種			(21)	経験曲線利益	2
(1)	顧客ソリューション利益	0	(22)	低コスト・ビジネスデザイン利益	0
(2)	製品ピラミッド利益	2	(23)	デジタル利益	—
(3)	マルチコンポーネント利益	2	3. バリューチェーン革新他		
(4)	スイッチボード利益	2	1）バリューチェーン革新		
(5)	時間利益	1	オープン・イノベーション		4
(6)	ブロックバスター利益	2	ハイブリッド・ソリューション		2
(7)	利益増殖	0	マス・カスタマイゼーション		0
(8)	起業家利益	0	JIT		2
(9)	スペシャリスト利益	5	フランチャイズ・チェーン		2
(10)	インストール・ベース利益	2	2）CSV		
(11)	デファクト・スタンダード利益	0	CSV（共通価値の創造）		2
(12)	ブランド利益	4	3）業種レベル		
(13)	専用品利益	4	EMS（電子機器受託製造業）		1
(14)	ローカル・リーダーシップ利益	2	SPA（製造小売業）		2
(15)	取引規模利益	1	採用BMパターン件数合計		54

注）「件数」は、下記の出典で取り上げた企業／事業が主として採用していたビジネスモデル・パターンの件数を指す。

（出典：松原恭司郎編著『ビジネスモデル・マッピング・ケースブック』）

る上で参照する「引き出し」を増やすことにつながり、「KPIフレームワーク」である「MAP」の設計にも役立ちます。

代表的なビジネスモデル・パターンを、著者が一覧表にまとめたものが**図表14・1**です。

①ICT（情報通信技術）が加速したビジネスモデル・パターン

②スライウォツキーの23種のビジネスモデル・パターン

③バリューチェーン革新他のビジネスモデル・パターン

に区分して、合計35のビジネスモデル・パターンを掲げています。

図表の中の件数は、拙編著の『ビジネスモデル・マッピング・ケースブック』でビジネスモデルの分析を行った28件の組織体が、ここに掲載されているどのビジネスモデル・パターンを採用しているかをまとめたものです。

14.2 ビジネスモデル・パターンの類型

1）ICTが加速したビジネスモデル・パターン

これは図表14・1の1.に掲げてある「フリー」や「ロングテール」などICT（情報通信技術）のパターンです。ビジネスモデル・ブームのドライバーとなったもので、それぞれ単行本も出版されるなど注目を集めてきました。

図表からもわかるように、『ビジネスモデル・マッピング・ケースブック』で取り上げた企業を見る限りは、「ICTが加速したビジネスモデル・パターン」を採用しているケースは決して多くはありませんでした。

ビジネスモデルは、何もICTビジネスの専売特許ではありません。激変する今日のグローバル環境下では、むしろ製造業、流通業、サービス業などのICTビジネス以外の業態においてこそ、ビジネスモデルの革新が求められているということでしょう。

2）スライウォツキーが著したビジネスモデルの古典

スライウォツキーの『ザ・プロフィット』（原著のタイトルは"The Art of Profitability"2002）は、多国籍企業に勤めるスティーブ・ガードナーという若者が、「ビジネスで利益が生まれる仕組みを知り尽くした男」デビッド・チャオから、毎週土曜日の朝一時間、ビジネスモデル（同著では「プロフィット・モデル」）を一つずつ、合計23パターンを教授してもらうというストーリー調のビジネス書で、早くもビジネスモデルの「古典」とも呼ばれている書籍です。

『ビジネスモデル・マッピング・ケースブック』で取り上げた企業で広く採用されているビジネスモデル・パターンです。

3) 複数のビジネスモデルのパターンの組み合わせ

『ビジネスモデル・マッピング・ケースブック』で取り上げた28件の企業のケースで採用されている主なビジネスモデル・パターンの合計は54件にのぼりました。これは、成功している事業のビジネスモデルは、「フリー」や「ロングテール」などのビジネスモデル・パターンを紹介する書籍が力説しているような、ある事業が単一のビジネスモデル・パターンのみを活用しているものはむしろ少数派で、複数のビジネスモデルのパターンの組み合わせで構成されていることが多いということを意味しています。

ここで取り上げているビジネスモデル・パターンの概要とそのビジネスモデル・マッピングについては本書の主題から離れるため、拙著『ビジネスモデル・マッピング教本』と『ビジネスモデル・マッピング・ケースブック』で、詳しく解説しているので、そちらをご参照下さい。

14.3 サウスウエスト航空の戦略マップ

今日、世界の航空業界を席巻しているのが、格安航空会社と呼ばれている「LCC（Low Cost Carrier）」というビジネスモデルです。規制と闘いながらLCCという革新的なビジネスモデルを築き上げた会社として多くの航空会社がベンチマーキングしている企業が、米サウスウエスト航空（Southwest Airlines）です。

サウスウエスト航空は、短距離飛行に集中し、不要な顧客価値提案の要素を極力削ぎ落とし、長距離バスやレンタカー並みの低価格で、定時運行を達成するという「バリュー・イノベーション」を実現させました。

図表14・2は、サウスウエスト航空の戦略の一部を「戦略マップ＋BSC＋アクション・プラン」（2・2-3）項参照）に取りまとめたもので、BSCの提唱者が主催する2003年に開催された世界会議で提示された資料を基に著者が翻訳し加筆、修正したものです。

この一枚でこれまで検討してきたKPIマネジメントを支えるフレームワークとしての「MAP展開方式」のポイントを確認することができる、非常に優れた戦略のコミュニケーション・ツールの実例です。

1）「MAPレシピ」の観点

①「ビジネスモデル」としては、航空業界で主流であったハブ・アンド・スポーク方式というビジネスモデルに対抗して、LCCという新たなビジネスモデルが示されている。

②「顧客価値提案の戦略タイプ」としては、長距離バスやレンタカー並みの低価格で、定時運行を達成するという「バリュー・イノベーション」の実現のストーリーが示されている。

図表14.2 サウスウエストの戦略マップ（部分）

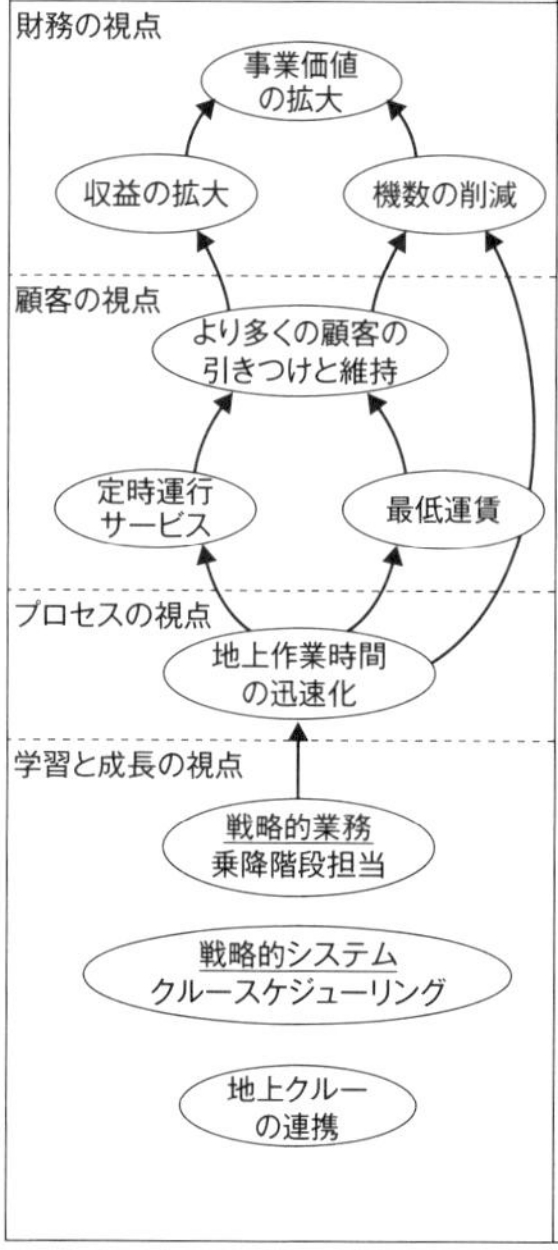

戦略マップ		BSC		アクション・プラン	
プロセス：オペレーションズ・マネジメント テーマ：地上作業時間	戦略目的	KPI	目標値	施策	予算
財務の視点 事業価値の拡大	・事業価値の拡大	・株価市場価値	・年次成長率30%		
収益の拡大	・収益の拡大	・座席当たり収益	・年次成長率20%		
機数の削減	・機数の削減	・航空機リースコスト	・年次成長率5%		
顧客の視点 より多くの顧客の引きつけと維持	・より多くの顧客の引きつけと維持	・リピート客数 ・客数	・70% ・年次成長率12%	・CRMシステムの導入	・$XXX
定時運行サービス	・定時運行	・FAA（米連邦航空局）の定時運行順位	・NO. 1	・クオリティマネジメント	・$XXX
最低運賃	・最低価格	・顧客ランキング	・NO. 1	・顧客ロイヤリティプログラム	・$XXX
プロセスの視点 地上作業時間の迅速化	・地上作業時間の迅速化	・地上待機時間 ・定時離陸率	・30分 ・90%	・サイクルタイムの最適化	・$XXX
学習と成長の視点 戦略的業務 乗降階段担当	・必要スキルの開発	・戦略的業務の準備度	・1年目−0% ・3年目−90% ・5年目−100	・地上クルーのトレーニング	・$XXX
戦略的システム クルースケジューリング	・支援システムの開発	・情報システムの使用可能性	・100%	・クルースケジューリングシステムの展開	・$XXX
地上クルーの連携	・戦略と連携した地上クルー	・戦略の理解度 ・地上クルーの株主割合	・3年で100% ・100%	・コミュニケーションプログラム ・従業員ストックオプションプログラム	・$XXX ・$XXX
				総予算	$XXXX

（出典：2003 Robert S. Kaplan and the Balanced Scorecard Collaborative資料を松原が翻訳し加筆・修正）

2)「KPIフレームワーク」としてのポイント

①視点を設定する

このケースでは、BSCの標準的な四つの視点が設定されています。

②「目的」を中心に展開する

左の戦略マップ上の楕円形で描かれたものが戦略目的です。このケースでは「地上作業時間の短縮」という戦略テーマのみを部分的に取り上げているることに注意を要するものの、最上位の「事業価値の拡大」という戦略目的を実現するためストーリーが「戦略目的」とその背後にある「KPI」のつながりという因果関係によって描かれています。

③目的の達成状況を確認するためのKPI

そして、中央のバランス・スコアカード（BSC）には、戦略目的の達成状況を測るための「KPI」とその「目標値」が設定されています。「収益の拡大」という戦略目的を測る場合であっても、単なる収益（売上高）ではなく、「座席当たり収益」など厳選されたKPIが設定されています。

MAP展開方式では、KPIを分解するのではなく、このように目的を展開する方法を採用することにより、KPIを分解することの課題を克服しているのです。

④アクション・プランの設定

KPIの目標値を達成するための施策（アクション・プラン）とその実行に必要な戦略的予算が設定されています。

第6部

【HOW】KPIマネジメントの質を高める

□ 第15章「どのKPIを選ぶか」として、KPI選定・設定のためのチェックリストと、KPIの選定・設定に役立つ三つの教訓を紹介します。KPIは選定するだけで効果が出るわけではありません。そこで、

□ 第16章の「KPIマネジメントの成熟度を高めよう」で、KPIマネジメントの成熟度モデルを参照して、KPIマネジメントの質を高めるための方向性について検討します。

第15章

どのKPIを選ぶか

15.1 KPI選定・設定のためのチェックリスト

6・1節で、KPIの絞り込みのための選定・設定基準について触れましたが、KPIとは、その名が示す通りに複数あるPI（業績評価指標）の中から、選定・設定基準であるフィルターを通して厳選されたキーとなる業績評価指標を指します。**図表15・1**は、KPIを選定・設定する際のチェックポイントを示しています。その内容を確認していくことにしましょう。

1）ビジネスモデルと戦略性

このチェックポイントは最も重要な要素ですが、戦略マップやBM―Mapのような「MAP」のフレームワークをベースにKPIを選定・設定している場合には、自ずから配慮されるはずです。

☑ビジネスモデルと戦略的な優先順位に基づいているか。
☑ビジネスモデルを通じてどのように価値が創造されるかを鮮明に測定できるか。
☑ビジネスモデルの改良・革新及び戦略的な優先順位の変更に応じてKPIも変化させているか。

図表15.1　KPIの選定・設定のためのチェックリスト

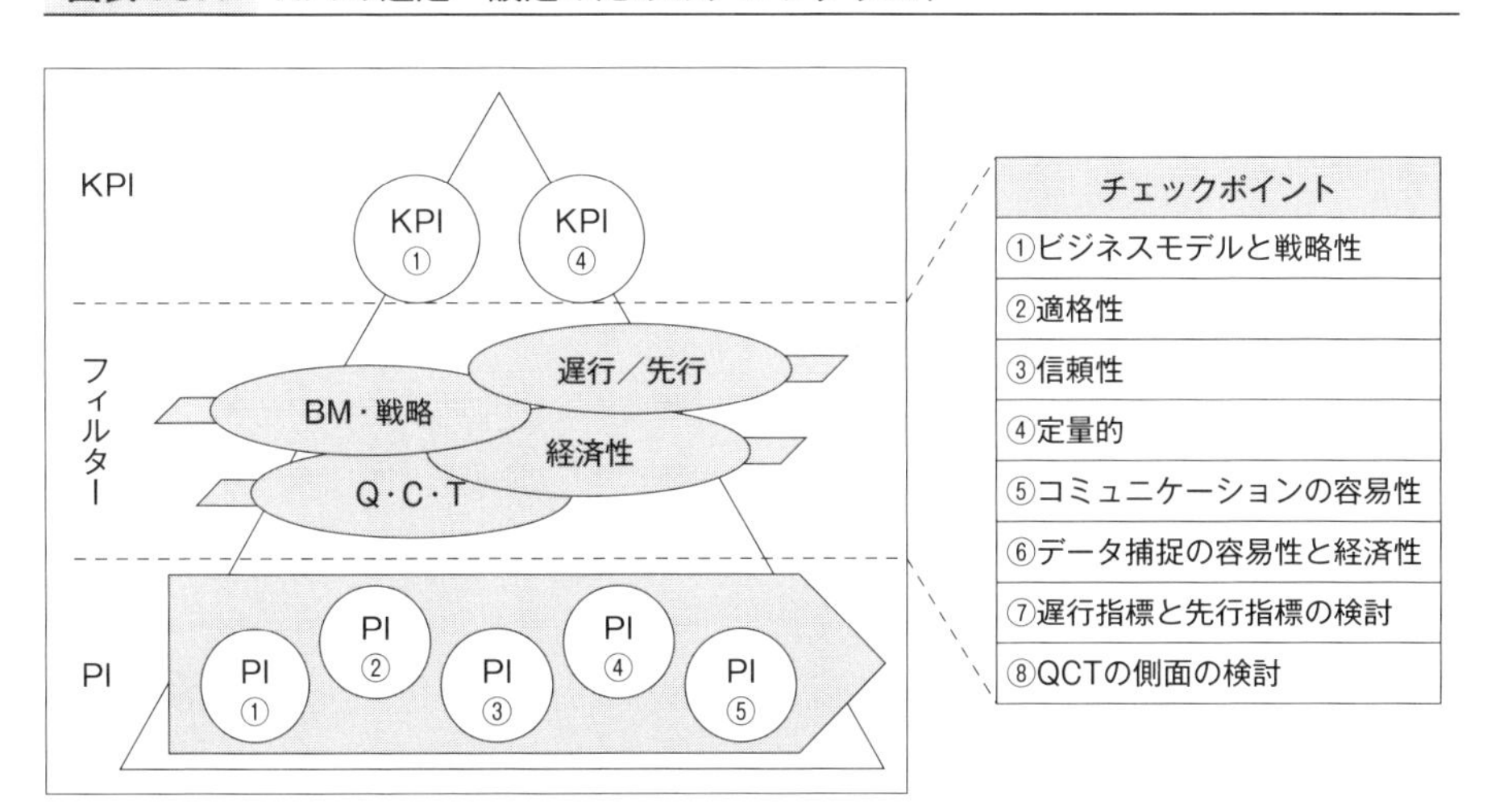

2）適格性

ＫＰＩは、評価対象となる目的の本質をついている必要があります。この点については、後で紹介する「暗がりに落とした鍵」の例えの教訓（15・3節参照）が、雄弁に物語っています。

☑資源を喰わない効率的なＫＰＩではなく、正しいことを成し遂げる「効果的」なＫＰＩを最優先しているか。

☑現在、測定しているからや、測定できるからということで、ＫＰＩを選択・設定してはいないか。

3）信頼性

ＫＰＩの基となるデータ・ソースとしては、売上高一つを例にとってみても、ＣＲＭ（顧客関係性管理）システム、販売管理システム、そして会計システムなど様々なものが存在します。データの信頼性はＫＰＩを業績評価に活用する場合には特に重要になります。

☑基礎となるデータは信頼に足りうるか。

☑業績評価への活用とインセンティブの算定基礎として耐えうるか。

4）定量的

「測定しなければ、管理できない」と言われるように、ＫＰＩはなるべくハード（定量的）であることが望まれます。（7・2－5）項参照）

☑定量的に評価することが可能か。

☑主観的な評価ではないか。

5）コミュニケーションの容易性

コミュニケーションのツールとしてのＫＰＩは、ユーザが理解できるものである必要があります。

☑難解なものになっていないか。

☑複雑なインデックス（指数）となっていないか。

6）データ捕捉の容易性と経済性

ＫＰＩはその実行面から、データ捕捉の容易性と経済性が求められます。困難な場合には代替指標の活用も視野に入れて段階的に実施していくことが賢明です。

☑データ捕捉に当たって、大きな作業負荷を必要としないか。

☑データ捕捉に当たって、新たなシステムを必要としていないか。

7）遅行指標と先行指標の検討

ＫＰＩの選定・設定に当たっては、測定対象となる「目的」について、遅行と先行の両側面を検討してみましょう。

☑「目的」に対する遅行と先行ＫＰＩの双方を検討したか。

8）Ｑ・Ｃ・Ｔの側面の検討

Ｑ・Ｃ・Ｔは、ＫＰＩの選定に当たって新たな視座を提供してくれます。

☑戦略目的のＱ（質）、Ｃ（コスト）、Ｔ（スピード）の側面のうち、重要な側面を捉えているか。

15.2

KPIの数は徹底的に絞り込め：「マジカル・ナンバー」

図表15.2 幾つにすべきか悩んだら、「マジカルナンバー」を思い出そう

- 視点は、いくつがよいのか？
- テーマは、いくつがよいのか？
- 目的は、いくつがよいか？
- KPIは、いくつがよいのか？

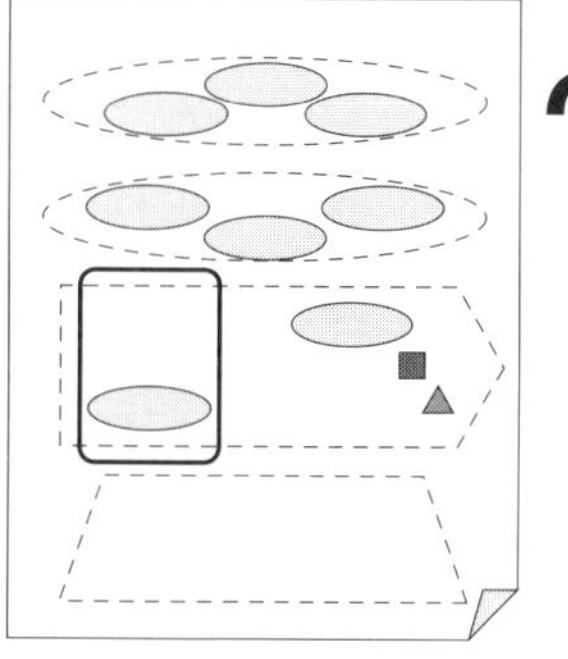

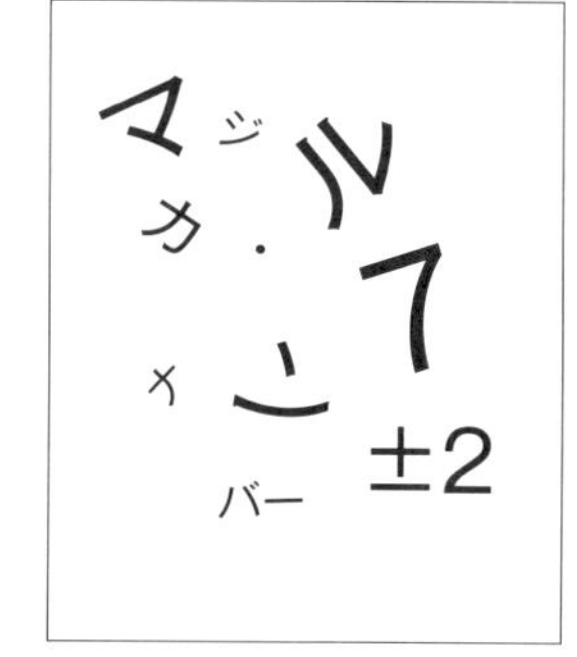

（参照：松原恭司郎『松原流：戦略マップ／BSC実践教本』）

1）魔法の数「マジカル・ナンバー　7±2」

ＫＰＩの数を幾つにすべきか迷ったときは、まずは物事の本質を見つめることが第一です。それでもらちが明かない場合は、この「マジカル・ナンバー（魔法の数）」が役立ちます。

「マジカル・ナンバー」は、米国の心理学者であるジョージ・ミラーが１９５６年に発表した論文「マジカル・ナンバー７±２：情報処理能力のある限界」で提唱された概念です。一般的な人間が情報を一度に識別したり、記憶したり、扱うことのできる変数が７±２の範囲内であるとするもので、認知心理学の先駆けとなったとされています。確かに、我々の身の周りにある数値、例えば郵便番号や電話番号なども、このマジカル・ナンバーの範囲内に収まっているものが多いのには驚かされます。

2)「目的」の数を絞り込む

ＭＡＰ上の「目的」の数も、「あれも重要、これも抜かすわけにはいかない」と際限なく増殖する傾向にあります。「ＫＰＩフレームワーク」としての戦略マップやＢＭ―Ｍａｐのような「ＭＡＰ」はコミュニケーションのツールとして、理解しやすく、異常点などモニタリングしやすいことが重要です。そこで、ＭＡＰ上の「目的」の数は、シンプル思考、重点管理の観点から制限する必要があります。

例えば、ＢＳＣの提唱者のノートンはＳＢＵ（戦略的事業単位）など戦略を策定する最上位レベルの組織階層の戦略マップでは戦略目的の数は24個くらいが望ましいとしています。著者は、「マジカル・ナンバー　７±２」を適用し、これに視点の数を掛けて、視点が四つなら、７±２の４倍で、20個から36個、平均28個とすることを目安としています。

3)目的を測る「ＫＰＩ」を厳選すべし

「目的」一つに対して、一つの「ＫＰＩ」で測定できるにこしたことはありません。これが原則です。一つでは不充分であったり、必要なＫＰＩが何らかの理由で捕捉できない場合には、代替指標を複数設定することもあります。

ＫＰＩの数を多くすればするほど、データの捕捉や管理といった手間が増えることになり、運用面からも、好ましくありません。そこで、ＫＰＩについては１つの「目的」に対して平均１・５を目安にするとよいでしょう。

このことは人物評価について考えてみればよくわかります。入学選考にせよ、入社選考にせよ、ペーパーテストの得点ないし偏差値一本で評価できれば、それにこしたことはありません。でも、それだけでは不十分と判断した場合には、費用対効果なども考慮した上で、面接などを加えて、複数のＫＰＩによって評価することになるでしょう。

以上をまとめると、ＭＡＰ全体では、ＫＰＩの数は平均28個の戦略目的×１・５で、42個。ということになります。

4) ＫＰＩを絞り込む時の留意点

ＫＰＩの数をごく限られたもの（クリティカル・フュー）に制限した場合には、逆につぎのような課題を抱えてしまうリスクがあることも留意しておく必要があります。

①丸太のように動かないが、注意を要する「眠れるワニ」のようなＫＰＩが存在すること。

②マネジメント環境の複雑性が増している今日、ＫＰＩを絞りすぎて「鍵穴の視野」でマネジメントすれば、視界の外で起こった重大事象に気づくのが遅れてしまい、大惨事につながりかねないこと。

③航空機のパイロットが見るコックピットのインディケーターも実は、給油時、積載時、巡航時などの状況により変化するようです。ＫＰＩの一覧表示についても、状況により変化させる必要があります。

④現在、測定していなかったり、測定不可能な事象は、測定できる事象の犠牲となり、無視される危険性があること。

15.3 KPIの選定・設定に役立つ三つの教訓

図表15.3　KPIの選定・設定に役立つ三つの教訓

1)適格なKPIの見つけ方
「暗がりに落とした鍵のたとえ」

2)戦略性のリトマス試験紙
「ミッシング・メジャーは良い知らせ」

3)重点エリア外での問題発生
「眠れるワニのたとえ」

（出典：松原恭司郎『松原流：戦略マップ／BSC実践教本』）

1）教訓1：「暗がりに落とした鍵」の例え

これは業績管理の世界でもしばしば引用される中近東に伝わる有名な話です。

ある晩、暗がりで人が何かしているのに出くわしたので、「何をしているのですか」と尋ねてみると…「鍵を落とした」のだという。一緒に探してはみたものの、一向に鍵は見つからない。そこで、改めて「確かにこの場所で落としたのですか」と尋ねたところ。「もうすこし先で落としたらしい」との答えが返ってきた。「では何故、あちらを探さないのですか」と再び尋ねてみると…「こちらの方が、電灯の下で、明るいから」という答えが返ってきたというお話です。

電灯の下が明るいからといって、落としてもいない場所を懸命に探してみても鍵は永遠に見つかるはずはありません。このお話は実に、たわいもない話のようにも思えるでしょう。ただ残念なことに、業績管理の世界では、この種の過ちが繰り返されているのです。ここで明るくて探しやすいとは、既に測定しているKPIや、比較的に測定し易いKPIではあるが、本質をついていないKPIを使って評価していることを意味していいます。このような理由や方法で、KPIを選定・設定してはいないか常に留意する必要がります。

2）教訓2：「ミッシング・メジャー」は戦略性のリトマス試験紙

ビジネスモデルの革新や挑戦的な戦略は、「ホワイトスペース（余白）」への進出や挑戦などとも呼ばれており、組織が今まで行っていなかった活動や機能を設計し、そこにリソースを投入し強化することが求められます。その場合、今までそれらの活動自体を行っていなかったり、実施していても重要ではないため、その業績を測定する必要もなく、従ってKPIを設定していないことがあります。

これは、「ミッシング・メジャー（失われたKPI）」と呼ばれるものです。あなたが革新的なビジネスモデルや戦略を測るために、新たに多くのミッシング・メジャーを設定することになるのなら、そのビジネスモデルや戦略は、革新性や戦略性が高いことのバロメータとなります。この観点から、ミッシング・メジャーは20％以上存在することが望ましいとされています。

3）教訓3：「眠れるワニ」にご用心

戦略は選択と集中であり、戦略を可視化する戦略マップ／BSCで取り上げるKPIも戦略的に重要な部分に重点的に光を当てることになります。また、革新的なビジネスモデルが機能しているかどうかは、厳選された「トランスフォメーショナルなKPI」でモニタリングされます。

では、光が当たっていないところで重要な問題が生じた場合、どうなるのでしょうか。この状態は「眠れるワニ」にたとえられています。例えば、戦略マネジメントのツールとしての戦略マップ／BSCは、厳選されたKPIにフォーカスして、レビュー頻度も原則四半期で実施します。大きな問題の発生、つまり「眠れるワニ」が起きたときに、タイムリーな対応が取れないというリスクがあります。

第16章 KPIマネジメントの成熟度を高めよう

16.1 成熟度モデルを使ったレベル診断

「成熟度モデル」またはマチュリティ・モデル（Maturity Model）は、柔道や剣道の初段、二段、三段といった「段級制度」のように、組織の成熟度のレベルを一般的には、5ないし6の段階に区分し、それぞれのレベルで求められるスキル要件等を明示することによって成熟度の評価とレベルアップを促す手法です。

この成熟度モデルをビジネスの領域に最初に適用したのは、フィリップ・クロスビーで、品質の重要性を普及させるために著した『Quality is Free（品質はタダ）』で取り上げた「品質原則に基づいた成熟度のフレーム」が始まりであるとされています。

その後、米国のマルコム・ボルドリッジ国家経営品質賞や、それを手本としたヨーロッパ経営品質賞（ＥＦＱＭ）、そして日本経営品質賞（ＪＱＡ）などが、この成熟度モデルを評価のフレームワークとして採用するなど、広く用いられるようになっています。

16.2 KPIマネジメントの成熟度モデル

図表16・1は、ＫＰＩマネジメントの成熟度モデルの一例として、著者が作成したものです。

ここでは、成熟度レベルが、１から５へと値が高くなればなるほど成熟度が高くなるように設計してあります。真ん中の「レベル３」は平均を意味するものではなく、目標標準と考えてください。多くの組織体がレベル２以下に甘んじているのが実態です。そして、「レベル５」は通常ベストプラクティスのレベルであると考えてください。

それでは、六つの評価要素ごとに、見ていくことにしましょう。

1）ＫＰＩのタイプ

ＫＰＩには様々なタイプ（属性）があることを、第７章で紹介しましたが、成熟度レベルの「レベル３」で、財務と非財務のＫＰＩを対象としてマネジメントすることを目指すことになるでしょう。そして、レベルアップするに従い、モニタリングするＫＰＩのタイプは、戦略的ＫＰＩやトランスフォメーショナルＫＰＩのウエイトが高くなっていきます。

2）ＫＰＩ間の結合性

組織のマネジメントの成熟度のキーワードは、統合性・結合性と戦略連携の二つであると言っても過言ではありません。このＫＰＩ間の結合性は、「システム思考」（８・２節）で学んだように、個々のＫＰＩの設定に匹敵するか、むしろそれ以上に重要な要件です。

戦略とは仮説のセットであり、ＭＡＰでは「目的」のつながり、つまりKＰＩのつながりで捉えています。成熟度レベルの「レベル３」で、財務のＫＰＩと非財務のＫＰＩの結合性、そして戦略

図表16.1 KPIマネジメントの成熟度モデル（例）

成熟度レベル ＼ 評価要素	1	2	3	4	5
	場当たり的	**業務支援**	**マネジメント支援**	**戦略支援（ベタープラクティス）**	**イノベーション支援（ベストプラクティス）**
①KPIのタイプ	・場当たり的 ・オペレーショナル	・財務 ・オペレーショナル	・財務と非財務 ・マネジメント	・財務と非財務 ・戦略 ・トランスフォメーショナル	・財務と非財務 ・戦略 ・トランスフォメーショナル
②KPI間の結合性	・存在しない	・部分的 ・遅行と先行 ・財務KPI中心	・財務と非財務 ・戦略と結合	・ビジネスモデルと結合 ・戦略と結合	・ビジネスモデルと結合 ・戦略と結合
③KPIフレームワーク	・存在しない	・KPIツリー	・KPIツリー ・MAP（戦略マップ／BM-Mapなど）	・MAP（戦略マップ／BM-Mapなど）	・MAP（戦略マップ／BM-Mapなど）
④学習	・場当たり的	・シングルループ学習	・ダブルループ学習	・ダブルループ学習	・ダブルループ学習
⑦KPIの開示	・未開示	・経営指標 ・ROE	・統合報告 ・経営指標（目標値） ・財務と非財務	・統合報告 ・財務と非財務 ・ビジネスモデル、戦略	・統合報告 ・財務と非財務 ・ビジネスモデル、戦略
⑥マインドセット	・個別最適	・個別最適	・システム思考 ・統合思考	・システム思考 ・統合思考	・システム思考 ・統合思考

とＫＰＩとの結合性が当面の目標になるしょう。

　ここでも、戦略マップやＢＭ－ＭａｐなどのＭＡｐのフレームワークの活用が有効です。**図表16・2**にＫＰＩの結合性を促進させる要因として、スピッツァーが指摘している項目に加筆・編集して表にまとめておいたので参考にしてください。

3) KPIフレームワーク

　9・2節で、「ＫＰＩフレームワーク」を取り上げて、いくつかの方式の特徴や課題について見てきましたが、「レベル3」では、ＲＯＥツリーなどの「ＫＰＩツリー展開方式」から、視点と目的を主体として展開していく「ＭＡＰ展開方式」の採用に挑戦することになるでしょう。

4) 学習

　8・3節ではシステムは学習プロセスであることを再確認しましたが、グローバル化とＩＣＴが加速する今日の競争環境に対応するには、業績管理システムには「シングルループ学習」のみではもはや充分ではなく、「ダブルループ学習」が前

図表16.2　KPIの結合性を促進させる要因

結合性の促進要因	解説
①全体的な視野	・価値創造活動と要素間のトレードオフを理解する。 ・KPI間の相互関係を基に意思決定が行われている。
②「KPIフレームワーク」の作成と活用	・個別のKPIが、KPIフレームワークの中で統合されている。 ・KPIフレームワークは、縦の統合（組織の上下間のカスケード）と横の統合（機能を跨ったKPIの統合）を含んでいる。
③機能横断的KPI	・「機能横断的KPI」は、組織を跨ったコラボレーションのキーである。
④因果関係の理解	・KPI間の相互関係性とトレードオフの理解。 ・KPI間の因果関係が頻繁に仮説設定され検証されている。
⑤データの統合化	・セントラル・データリポジトリ―が整備されている。
⑥戦略とKPIの継続的な連携	・組織の成功のための重要な戦略ドライバーについて、深く理解している。

（参照：Spitzer“Transforming Performance Measurement”を参照し加筆編集）

提となります。

ここで「ダブルループ学習」とは、予め設定された計画に対して実績を測定し、差異が生じた場合は、あくまでも計画に従うべくアクションを起こすというフィードバック・ループ（これをシングルループと呼びます）だけではなく、メタ・フィードバック・ループ（ループを変更、訂正、拡張するループ）を含めた学習を指します。

5）KPIの開示

政府に主導されたROEの向上と中期経営計画へのROEとその目標値の開示は、投資家を含むステークホルダーとの積極的な対話の手段としては、あくまでも一里塚です。グローバルな企業情報開示の流れは、第3章で紹介したように財務と非財務のKPIを含む「統合報告」へと移行し始めています。

ROEの開示を超えて、「レベル3」で「統合報告」による財務と非財務のKPIの開示を目指しましょう。KPI情報の開示による報告責任の増大によりKPIマネジメントの質はおのずと高まることが期待されます。

6）マインドセット

戦略マップ、BM―Mapの「MAP」の図の一番下の土台に位置する視点が「経営資源の視点」（戦略マップでは「学習と成長の視点」）であり、中でも価値創造にとって重要性を増してきているのが、知的資本、取り分け組織資本であるマインドセットです。

8・1節の「KPIマネジメントに役立つ三つの思考法」で紹介したように、シンプル思考、システム思考、統合思考が重要になります。

第7部

【WHAT】視点別KPIのショーケース

- □ 第17章「財務の視点のKPI」
- □ 第18章「顧客の視点のKPI」
- □ 第19章「バリューチェーンの視点のKPI」
- □ 第20章「経営資源の視点のKPI」、そして、
- □ 第21章「ESGのテーマのKPI」

の各章で、四つの視点に加えて、ESG（環境・社会・ガバナンス）のテーマのそれぞれについて、理解に役立つコンセプトやフレームワーク、主なKPIの一覧、そして注目のKPIを取り上げて「KPIディクショナリー」を用いて紹介します。

第17章 財務の視点のKPI

17.1 財務の視点を理解する

財務の視点は、有価証券報告書や決算短信などで開示される主要な情報を含み、財務比率を含め、企業間の比較可能性の観点からKPIの標準化が最も進んでいる視点でもあります。

1）財務の視点の考え方

「財務の視点（Financial Perspective）」は、株主や銀行などの資金提供者から見た「外部の視点」であり、「結果の視点」に属します。

財務の視点を考える場合には、財務の視点のステークホルダーである「資金提供者の視点」に立って、何をもって投資ないし資金提供を判断しているのかという視点で判断することが重要です。株主中心のコーポレートガバナンス論を反映して、営利目的の組織体の財務の視点は、「MAP」（戦略マップやBM－Map）上でトップに位置づけられています。（**図表17・1**）

2）財務の視点のフレームワーク

図表17・2は、MAP上の財務の視点の基本的な構造を示しています。

このMAPのテンプレートの構造は、ROEまたはROAツリーの要素分解（第10章参照）が活用されています。

① 「企業価値の向上」を最上位の目的に据え

図表17.1　財務の視点のKPI

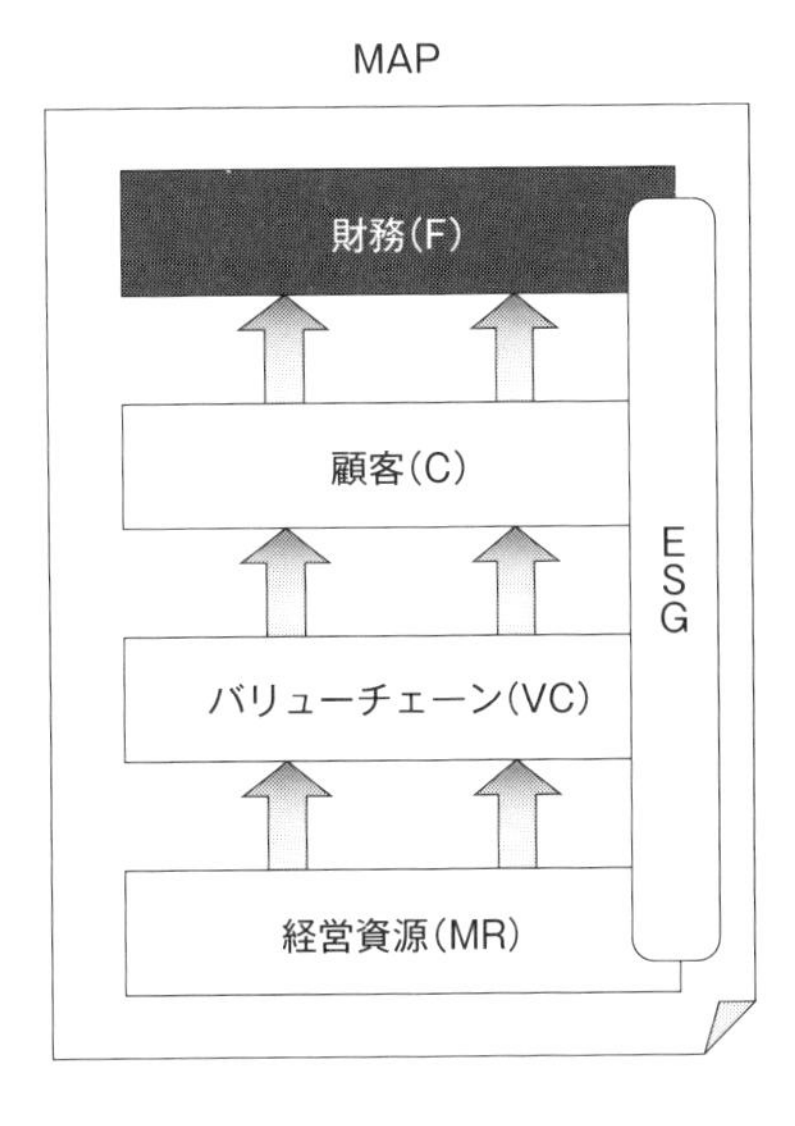

〈KPI設計のポイント〉
- 視点間、視点内の目的間の相互関係を重視する。
- 目的第一、KPI第二を旨とする。
- 財務の視点は、資金提供者の視点。
- 株主は、ステークホルダーの一人。
- 株主価値、企業価値、事業価値の違いに留意する。
- ROEは、株主価値を測るKPIの一つ。
- 企業価値の要素分解には、ROE・ROAツリーの構造が有効。

図表17.2　財務の視点のKPIテンプレート

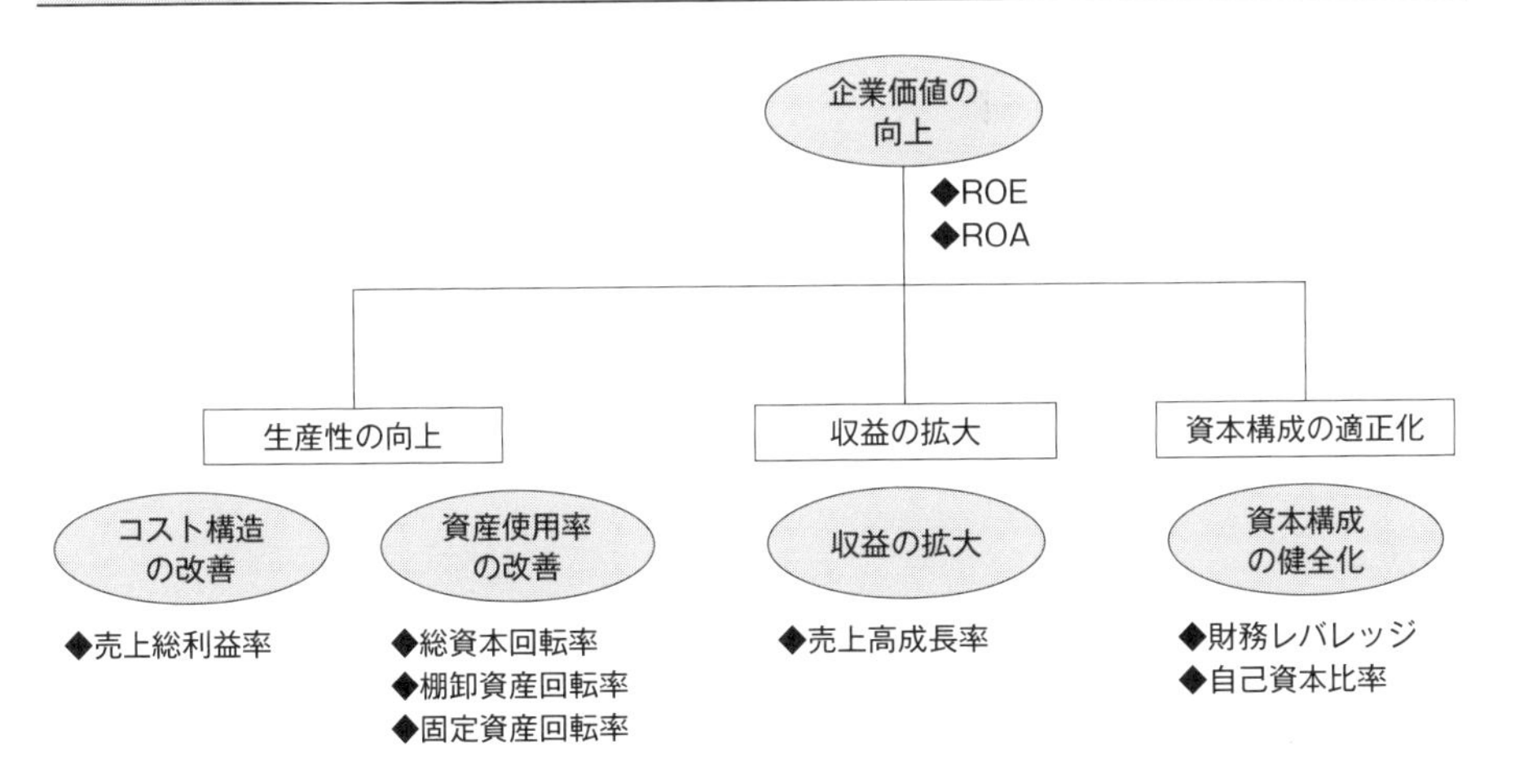

る。企業価値を測定する総合経営指標として、市場に流通し比較可能性が高いＲＯＡ、ＲＯＥそしてＦＣＦなどのＫＰＩの中から、自社が戦略的に重視し、財務の視点のステークホルダーである資金提供者に対してアピールしたいと考えるＫＰＩを設定します。

② 次に、トップに掲げた企業価値の向上に向けて、「生産性の向上」と「収益の拡大」の二つの戦略テーマを左右に設けます。そして、「生産性の向上」と「収益の拡大」の二つのテーマの下で「目的」を設定します。その際には、ビジネスモデルには独自性があること、そして戦略には選択と集中が求められるため、ＭＡＰ上では、一般論ではなく、次の点に留意することが重要です。

③ 「生産性の向上」で、「コスト構造の改善」を検討する場合には、損益計算書上の費用概念に対応させて、製造原価、売上原価、販売費一般管理費、そして営業外損益のどの費用項目を改善するのかを明確にします。「資産使用率の改善」については、棚卸資産、固定資産、などの資産項目の回転率を改善するのかを明確にします。このように、財務の視点で、製造原価や販売費一般管理費など改善がターゲットとなるエリアを明確にすることによって、

・製造原価や棚卸資産なら調達・生産プロセス
・販売費一般管理費なら営業または管理プロセス

というように、「バリューチェーンの視点」で強化すべき機能を明確にすることができます。

④ 「収益の拡大」については、

・既存事業売上 vs. 新規事業売上
・既存製品売上 vs. 新製品売上
・国内売上 vs. 海外売上

のように、収益の拡大に関する戦略的なポイントを明確にします。

⑤ 「企業価値の向上」を測るＫＰＩとして、ＲＯＥを選定した場合には、「資本構成の適正化」のもとで、自己資本比率の逆数である「財務レバレッジ」に関する方針及び施策について目的を設定します。（5・1－2）項参照）

3) 財務の視点の新たなＫＰＩ

「標準的ＫＰＩ」に対して、組織を明らかに高次元の業績へと導く新規で革新的なＫＰＩを、

図表17.3　財務の視点のKPI

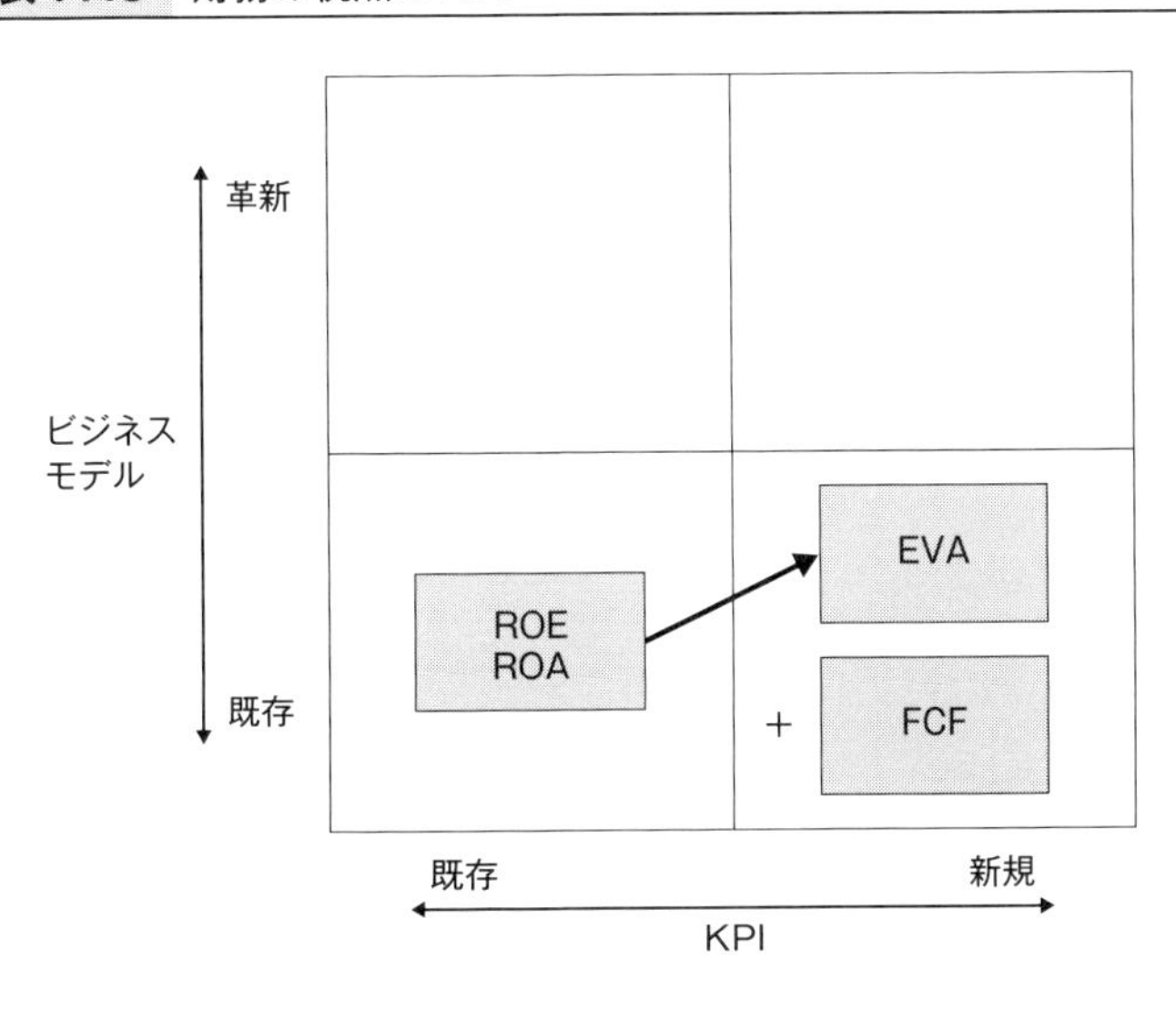

「トランスフォメーショナル（変容的な）ＫＰＩ」と呼ぶことは、ＫＰＩのタイプとして紹介したところです。（7・2-6)項参照）

トランスフォメーショナルＫＰＩは、「標準的ＫＰＩ」では限界が生じた場合に、調査会社やコンサルティング会社などによって新たに開発され、ベンチマーキング・サービスなども提供されることがあります。財務の視点では、スターンスチュワート社が提唱した「ＥＶＡ（経済付加価値）」がこれに該当します。

図表17・3の四象限の図表の中で、左下の象限は多くの組織が測定対象としているであろう「既存のＫＰＩ」の領域です。財務の視点では、「ＲＯＥ」も原則ここに含まれます。

右下の象限は、既存のＫＰＩを補完したり、置き換えるＫＰＩの領域です。利益概念に対する「ＦＣＦ（フリーキャッシュフロー）」や「ＥＶＡ（経済付加価値）」などのＫＰＩが考えられます。

右上の象限は、革新的なビジネスモデルの業績管理に用いられる「新規のＫＰＩ」の領域です。

図表17.4 財務の視点の主なKPIリスト

カテゴリー（テーマ、目的）	KPI
1）企業価値	ROA（総資本利益率）★
	ROE（自己資本利益率）★
	ROCE（使用総資本利益率）
	ROIC（投下資本利益率）★
	FCF（フリーキャッシュフロー）★
	EVA（経済付加価値）★
	EBITDA（支払利息控除前・税金控除前・減価償却控除前の利益）
	売上高営業利益率
	売上高総利益率
	売上高純利益率
2）収益の拡大と収益ミックス	売上高成長率
	新規顧客売上比率
	新製品／サービス売上比率
3）生産性の改善とコスト削減	売上高営業費率
4）資本構成の健全化	運転資本比率
	負債資本比率（D／Eレシオ）
5）キャッシュフロー	キャッシュ・コンバージョン・サイクル

注）
・★印を付したKPIについては、次節の「KPIディクショナリー」で概要とスポット解説を付してあります。
・次の「KPIディクショナリー」については、ROE【図表5.3】、ROA【図表5.4】に掲載してあります。

前述の「財務の視点のテンプレート」の構成を参照して、**図表17･4**に財務の視点の「目的」を測るのに参考になる主なKPIを幾つかリストしておきます。

17.3 財務の視点のKPIディクショナリー

1）FCF（フリーキャッシュフロー）

「FCF（フリーキャッシュフロー：Free cash flow）」は、本業の事業活動により、1年間で生み出された正味のキャッシュフローで、株主と金融債権者に帰属するものです。

FCFの算定方法には、次の二つがあります。

①特別な計算式により算出する方法

FCF＝税引後営業キャッシュフロー－企業経営に不可欠な投資資金

＊税引後営業キャッシュフロー＝営業利益×（1－実効税率）＋減価償却費

＊企業経営に不可欠な投資資金＝追加設備投資＋追加運転資本

ここで、計算式の中の「運転資本」とは広義では「流動資産－流動負債」ですが、流動資産と流動負債の中で、会社の運転に必要なものを企業が選択することになります。

②キャッシュフロー計算書上で次の計算式により算出する方法

FCF＝営業活動によるキャッシュフロー＋投資活動によるキャッシュフロー

＊営業活動によるキャッシュフローは、商品やサービスの販売、原材料の仕入れや給与の支払いなどの本業に係るキャッシュフローを指します。

＊投資活動によるキャッシュフローは、新規事業のための投資や投資有価証券の購入など投資に係るキャッシュフローを指します。

FCFがプラスの会社は、本業で成果を出し、更に将来への投資を行った上でキャッシュが残っており、借金返済や株主還元など「財務活動によるキャッシュフロー」に使うことができる「自由（フリー）なキャッシュ」があることを示します。

図表17.5 FCF（フリーキャッシュフロー）（KPIディクショナリー）

KPI名称	FCF（フリーキャッシュフロー：Free cash flow）
視点	財務の視点
目的	企業価値の創出
定義	本業の事業活動により、1年間で生み出された正味のキャッシュフローで、株主と金融債権者に帰属するものを指す。
単位	金額
計算式	二つの算定方法があります。 ①FCF ＝ 税引後営業キャッシュフロー － 企業経営に不可欠な投資資金 ＊税引後営業キャッシュフロー ＝ 営業利益 ×（1－実効税率）＋ 減価償却費 ＊企業経営に不可欠な投資資金 ＝ 追加設備投資 ＋ 追加運転資本 ②キャッシュフロー計算書を基に次の計算式により算出する。 FCF ＝ 営業キャッシュフロー ＋ 投資キャッシュフロー

2）EVA（経済付加価値）

「EVA（Economic Value Added：経済付加価値）」は、事業に投下した資本から得た「NOPAT（Net Operating Profit After Tax：税引後営業利益）」から、その調達資本費用を控除することにより、経済的な付加価値を測るKPIです。スターン・スチュワート社が提唱したコンセプトであり、同社の登録商標が付されています。

EVA＝NOPAT－調達資本費用

この計算式からもわかるように、EVAは、他の多くの総合経営指標にはない資本コストが考慮されている点に特徴があります。

EVAのコンセプトを採用している企業は、その算定は独自の方法によっています。

EVAを改善するには、**図表17・7**に示すように、次の四つの方法があります。

① 既存事業のNOPATの改善
② 「EVAスプレッド」がプラスつまりNOPATが調達資本費用を上回る新規投資による価値創造
③ 資産売却による価値創造
④ 資本構成の変更による資本コストの低下

図表17.6 EVA（経済付加価値）（KPIディクショナリー）

KPI名称	EVA（Economic Value Added：経済付加価値）
視点	財務の視点
目的	経済的な付加価値の向上
定義	事業に投下した資本から得たNOPAT（税引後営業利益）から、その調達資本費用を控除することにより、企業が1年間に生み出した経済的な付加価値を測る。
単位	金額
計算式	EVA ＝ NOPAT － 調達資本費用 ＊NOPAT（税引後営業利益）＝ 売上高 － 営業費用 － 税金 ＝ 営業利益 ×（1 － 実効税率） ＊調達資本費用 ＝ 投下資本 × 資本コスト率（WACC）

図表17.7 EVA（経済付加価値）の計算式と改善

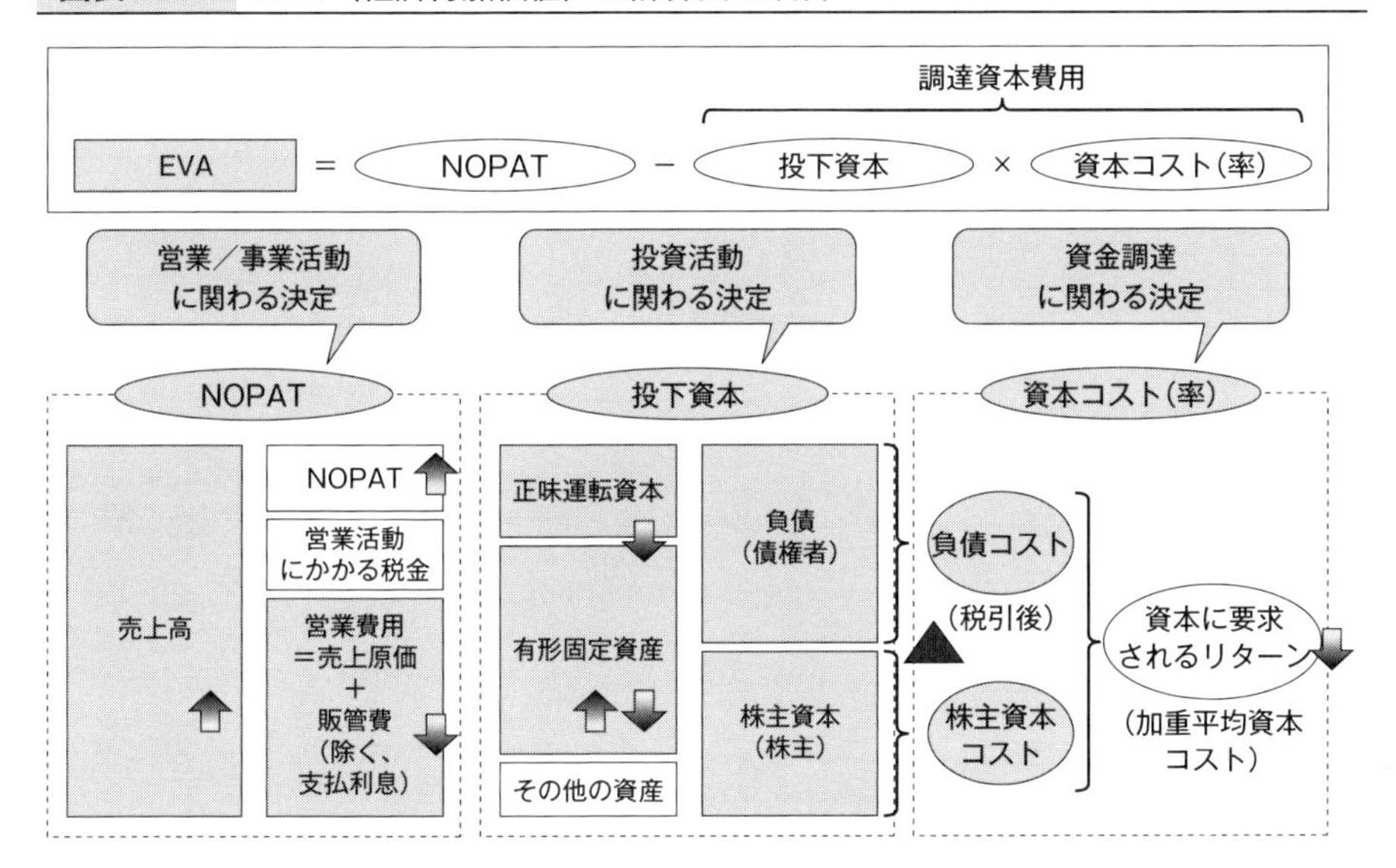

図表17.8 ROIC（投下資本利益率）（KPIディクショナリー）

KPI名称	ROIC（Return on invested capital：投下資本利益率）
視点	財務の視点
目的	事業価値の向上
定義	特定の事業に投下されている資本を使って、どれだけの利益を出したかを示す。
単位	%
計算式	ROIC ＝ 事業に係る営業利益 ÷ 事業に係るネット投下資本
コメント	・特定の事業にフォーカスしたKPIである。 ・分子は、当該「事業に係る営業利益」を用いる。 ・分母は、当該事業に使われていない資産や買掛金などの運転負債を相殺した後の「ネット投下資本」を用いる。

3）ROIC（投下資本利益率）

「ROIC（Return on invested capital：投下資本利益率）」は、特定の事業に投下された資本（Invested Capital）を使ってどれだけの営業利益を出したかを表すKPIです。ROICと、当該企業もしくは事業に係る資本コスト（WACC）を比較することで、要求リターンを超える事業価値を生んでいるか評価することができます。

計算式の分母の「事業に係るネット投下資本」には、事業活動に要した流動資産と固定資産を含めます。使途が定まらない現預金、当該事業活動に寄与しない有形固定資産や投資有価証券などは全社の資産として取り扱い、これを含めません。分子には「事業に係る営業利益」を用います。

ROICは、特定の事業に係る投資収益を測るという属性から、次のような課題もあります。

・特定事業に使われている資産の判断にマネジメントの恣意性が入る

・無駄な資産の存在を無視しているのでその監視が足りなくなる

また、決算短信などで開示が義務づけられていないため、企業間比較は困難です。

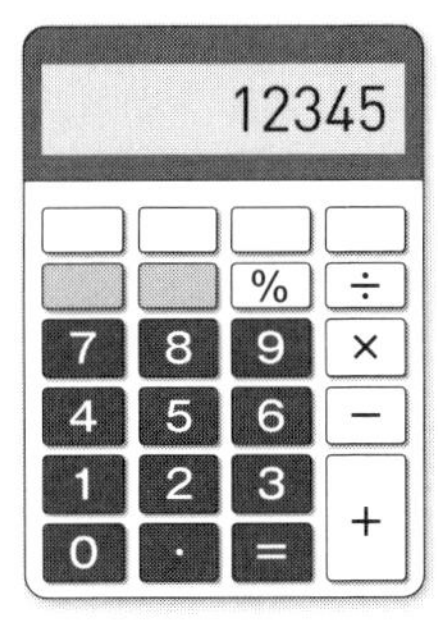
12345
%
÷
7
8
9
×
4
5
6
−
1
2
3
+
0
·
=

第18章 顧客の視点のKPI

18.1 顧客の視点を理解する

1）顧客の視点の考え方

「顧客の視点（Customer Perspective）」は、財務の視点と共に、現在並びに将来の顧客から見た「外部の視点」であり、また「結果の視点」に分類されます。（**図表18・1**）

ドラッカーも「我々の事業は何かとの問いは、企業を外部すなわち顧客と市場の観点から見て、初めて答えることができる。」としているように、顧客の視点は、文字通り顧客から見た視点を意味しています。

ＢＳＣの顧客の視点の戦略目的やＫＰＩなどを見ると、「マーケットシェアの拡大」や「リピート率の向上」という言葉ばかり並んでいるケースを散見します。顧客が、製品やサービスを購入するのは、決して組織の「マーケットシェアの拡大」を思っているわけでもなければ、「リピート率の向上」に貢献することを目的にしているわけではないはずです。これらは皆、組織の側から見た「ビュー」であって、顧客の側から見た「視点（パースペクティブ）」ではないのです。

顧客から見た視点で表現するためには、顧客が何を求めているのか、つまり顧客が要求する価値を明確にする必要があります。このことから、顧客の視点に盛り込まれるＫＰＩは、結果とドライ

図表18.1　顧客の視点のKPI

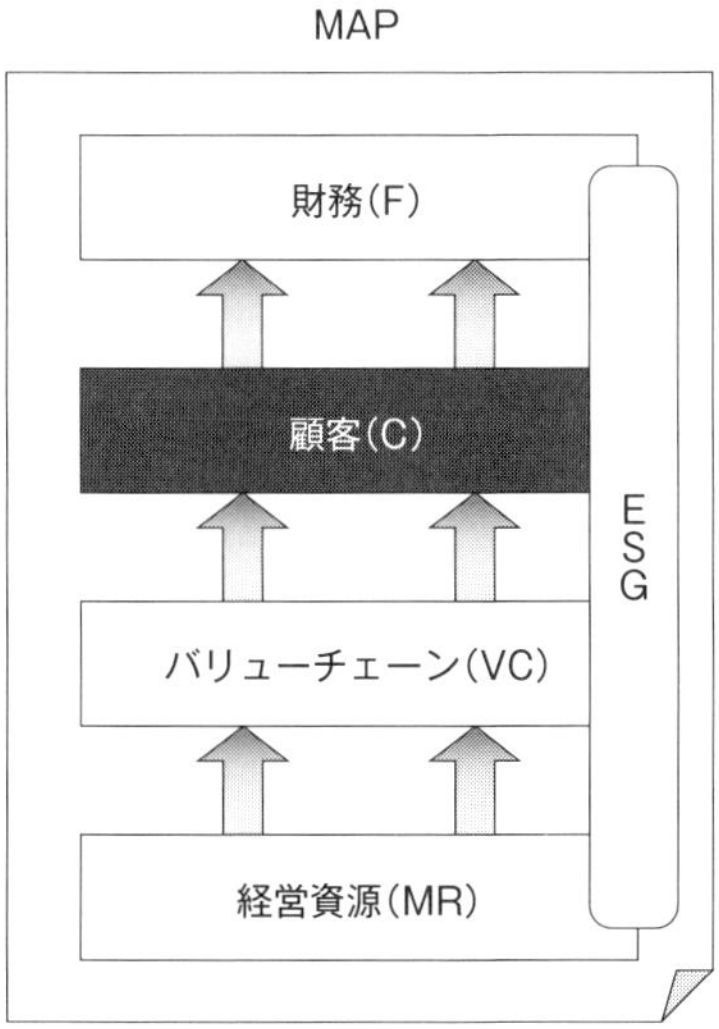

MAP

財務(F)

顧客(C)

バリューチェーン(VC)

経営資源(MR)

ESG

〈KPI設計のポイント〉
- 視点間、視点内の目的間の相互関係を重視する。
- 目的第一、KPI第二を旨とする。
- 顧客の視点とは、顧客の見た目。
- マーケットの構成員には、顧客に加えて競争相手を忘れない。
- 顧客価値提案の戦略タイプを明確にする。
- 「トランスフォメーショナルKPI」の発見・開発に留意する。
- 顧客の視点は、ドライバーと結果から構成する。

バーの双方の戦略目的を測るＫＰＩから構成されることに注意する必要があります。

２）顧客の視点のフレームワーク

図表18・2は、ＭＡＰ上の顧客の視点の基本的な構造を示しています。このＭＡＰテンプレートの構造の概略を見ていくことにしましょう。

顧客の視点は、図表18・2の右側に示すように結果とドライバー双方から構成します。顧客の視点の設計には、著者は次のステップで設計することを推奨しています。

①「ターゲットとするマーケット」を明確にすることから始めます。ここで、マーケットとは、図表の左にあるように、顧客が、ある特定の状況において抱く、特定されたニーズを指します。

マーケットには、顧客の他に注視すべきもう一つ重要なプレイヤー、つまり「競争相手」の存在を忘れてはいけません。これを恋愛に例えるならば、恋人が「顧客」です。恋人が魅力的な人であればあるほど、恋愛の場つまり「マーケット」は「恋人と自分と恋敵」の三者から構

図表18.2　顧客の視点のテンプレート

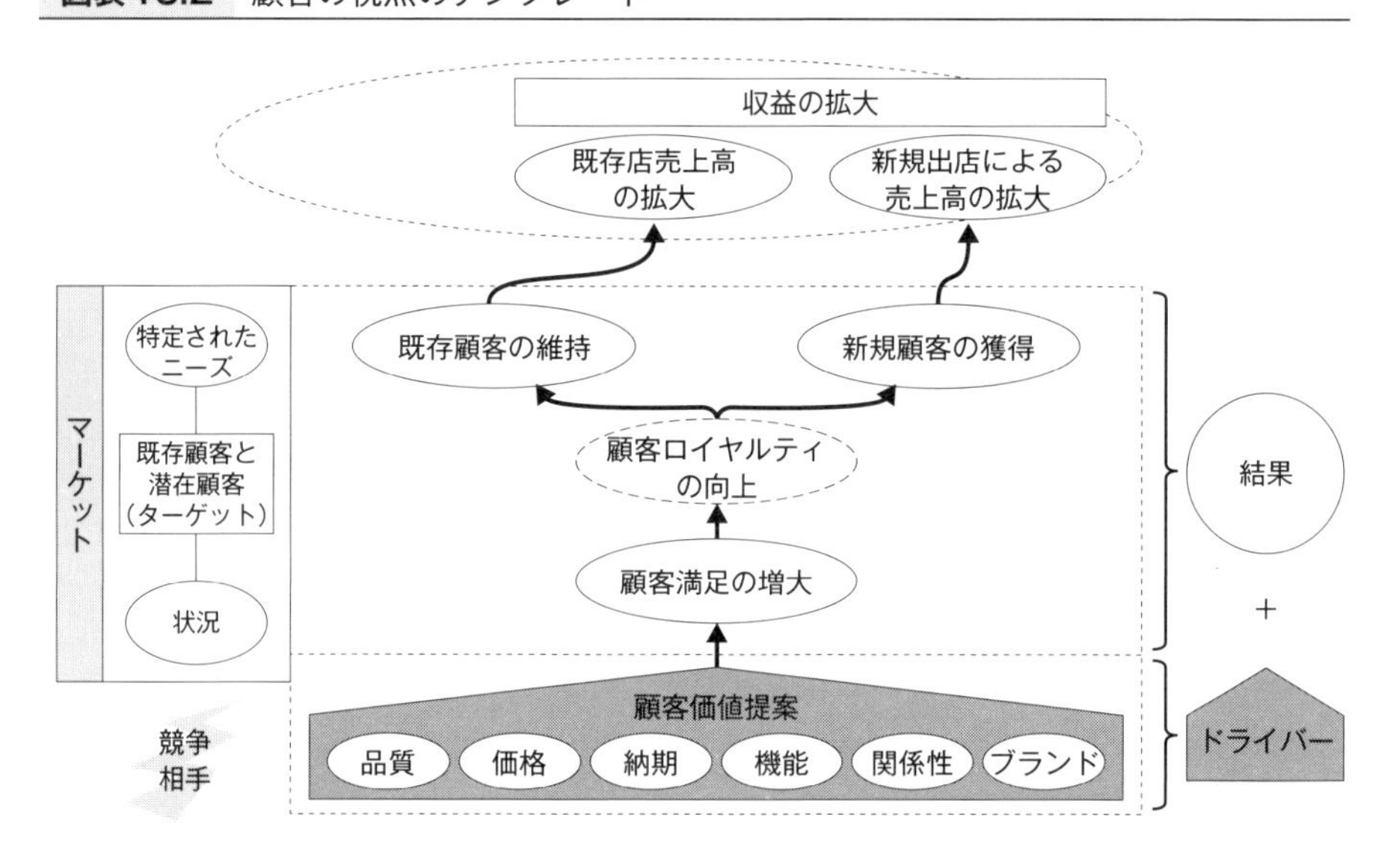

成されます。恋敵の出方を注意深く分析し、必要な手を打つことが、恋の成就の秘訣であることに間違いはないでしょう。ビジネスの世界も同じことが言えるのです。つまり、「顧客（既存と将来）と自組織と競争相手」の関係が存在するのです。

③　このターゲットとする顧客のニーズに対して、第13章で紹介した「顧客価値提案の戦略タイプ」、つまり業務の卓越性、顧客との親密性、製品の革新性と、バリューイノベーションのいずれで勝負するのかを明確にします。そして顧客に対して強調する顧客価値を「目的」として記載します。

ここまでが、ドライバーに該当する部分です。

④「顧客満足」は、顧客価値提案の個々の要素にではなく、提案の総和に対して生じます。

⑤　そして、顧客満足の増大が、「既存顧客の維持」と「新規顧客の獲得」につながっていきます。ここで「顧客満足度」と「リピート率」の相関関係は単純なものではなく、顧客ロイヤルティを考慮するべきであるとする見解も注意に

値します。

3）顧客の視点の新たなKPI

「標準的ＫＰＩ」に対して、組織を明らかに高次元の業績へと導く新規で革新的なＫＰＩを、「トランスフォメーショナル（変容的な）ＫＰＩ」と呼びます。

トランスフォメーショナルつまり変容的なＫＰＩは、組織が今まで活用していなかった斬新なＫＰＩに限ったものではありません。当該組織の業績評価の見方やメンタル・モデルを大きく変更・変革させる効果を持ったＫＰＩであれば、一般に広く使われているＫＰＩであっても、当該組織にとっては「トランスフォメーショナルＫＰＩ」となります。

これまでも述べてきたように、トランスフォメーショナルＫＰＩは、「標準的ＫＰＩ」では限界が生じた場合に、調査会社やコンサルティング会社などによって新たに開発され、ベンチマーキング・サービスなども提供されることがあります。

このトランスフォメーショナルＫＰＩの力が最も明確に現れた領域が、マーケティングと顧客の領域であると言われています。顧客の視点では、既存のＫＰＩである「顧客満足度」の把握だけでは、顧客の真の意向がくみ取れない場合を受けて、「顧客収益性」や「顧客生涯価値／ＣＬＶ」そして「顧客経験」といったトランスフォメーショナルＫＰＩが開発されています。

図表18・3の四象限の図表の中で、左下の象限は測定対象としているであろう「既存のＫＰＩ」の領域です。多くの組織では、「マーケットシェア」や「顧客満足度」といったＫＰＩが当てはまるでしょう。

右下の象限は、既存のＫＰＩを補完したり、置き換えるＫＰＩの領域です。顧客満足度に対する「顧客エンゲージメント」、マーケットシェアに対する「相対的マーケットシェア」などのＫＰＩが考えられます。「相対的マーケットシェア」は第14章のビジネスモデル・パターンの内の「相対的マーケットシェア利益モデル」の測定に用いられる革新的なＫＰＩです。

右上の象限は、ＫＰＩ、革新的なビジネスモデルの業績

図表18.3 顧客の視点のKPI

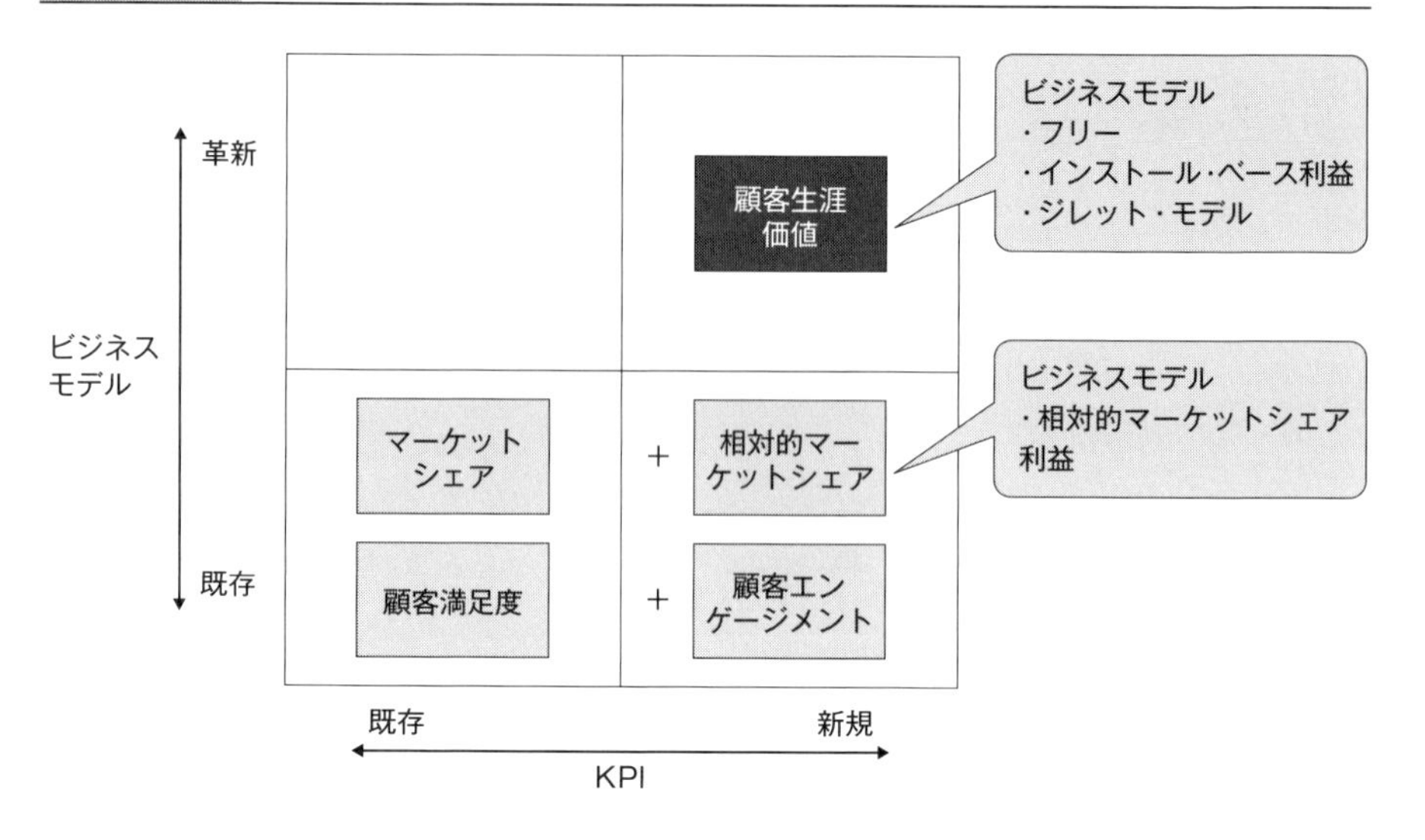

管理に用いられる「新規のＫＰＩ」の領域です。ビジネスモデル・パターンの「フリー」を測定する「顧客生涯価値」といったＫＰＩが開発されています。

前述の「顧客の視点のテンプレート」の構成を参照して、**図表18・4**に顧客の視点の「目的」を測るのに参考になる主なＫＰＩを幾つかリストしておきます。

図表18.4　顧客の視点の主なKPIリスト

カテゴリー（テーマ、目的）	KPI
1）マーケット	市場成長率
	マーケットシェア／市場占有率
	相対的マーケットシェア★
2）成果	顧客収益性
	顧客生涯価値／CLV★
	顧客維持率
	顧客定着率（既存顧客売上高、再購入率、固定客割合）
	新規顧客獲得率
	既存顧客喪失率
	顧客回転率
	成約率
	顧客当たり平均売上高
	顧客の歓喜
	顧客エンゲージメント★
	ネットプロモータースコア／NPS
	顧客経験
	顧客満足度
	顧客の声
	顧客からのクレーム（苦情、クレームの頻度と内容）
	顧客ロイヤルティ
	ブランド資産★
3）顧客価値提案	製品／サービスの継続的革新
	新製品／サービス投入リードタイム
	顧客関係性
	顧客とのコミュニケーション（平均顧客対応時間、顧客訪問回数）

注）★印を付したKPIについては、次節の「KPIディクショナリー」で概要とスポット解説を付してあります。

18.3

顧客の視点のKPIディクショナリー

1）相対的マーケットシェア

マーケティング関連の「伝統的なKPI」に、「マーケットシェア（市場占有率）」があります。

例えば自組織のマーケットシェアが20％の場合を想定してみましょう。マーケット全体を俯瞰してみれば、業界の上位3社が共に20％で拮抗している場合もあれば、トップ企業が60％のシェアを確保しているような場合も考えられるでしょう。

このマーケットシェアだけでは把握できない相対的なシェアを明らかにするために、自組織（またはブランド）のマーケットシェアを単独で測るのではなく、最大の競合企業（またはブランド）との「相対的」な比較で捉えるために「相対的マーケットシェア（Relative market share）」（**図表18・5**）というKPIが1960年代に開発されています。

この相対的マーケットシェアは、戦略系コンサルティング会社の米ボストン・コンサルティング・グループが提唱した「成長シェアマトリックス」（製品などを、マーケット成長率と相対的マーケットシェアのマトリックスにより、ドル箱、花形、問題児、負け犬に区分して評価する手法）の普及に伴って広まったKPIです。（参照：Marr "Key Performance Indicators"）

2）顧客生涯価値

「顧客生涯価値（Customer lifetime value）／CLV」は、プリンタや携帯端末など、機器本体の取得費を無償ないし廉価で提供し、後の消耗品や通信費などで収益を回収するケースに見られるような、いわゆるジレットモデルやフリーと呼ばれるビジネスモデルで、プロフィット・フォーミュラ（利益方程式）を検討し評価するKPIとして有効です。

図表18.5　相対的マーケットシェア　(KPIディクショナリー)

KPI名称	相対的マーケットシェア（Relative market share）
視点	顧客の視点
目的	最大手の企業に対する自組織のブランドの地位を把握し、有効なマーケティング戦略を策定すること。
定義	最大の競合企業（またはブランド）に対する自組織（またはブランド）の相対的なシェアを示す。
単位	%
計算式／測定方法	自組織（またはブランド）のマーケットシェア ÷ 最大の競合企業（またはブランド）のマーケットシェア

図表18.6　顧客生涯価値（KPIディクショナリー）

KPI名称	顧客生涯価値（Customer lifetime value）／CLV
視点	顧客の視点
目的	顧客との関係性によりもたらされる財務価値で、顧客を維持するのにどのくらい投資することが可能であるかを把握するのに役立つ。
定義	顧客関係によるキャッシュフローの正味現在価値（NPV）
単位	金額
計算式／測定方法	・平均顧客維持期間の顧客生涯純利益 ÷ 顧客数 ・評価方法には様々な方法が存在する。

図表18.7　顧客エンゲージメント（KPIディクショナリー）

KPI名称	顧客エンゲージメント（Customer engagement）
視点	顧客の視点
目的	顧客がどれほど自社にエンゲージしているかを測ること。
定義	「完全にエンゲージメントしている顧客」対、「積極的にエンゲージメントしていない顧客」の割合。
単位	%
計算式／測定方法	・評価方法には様々な方法が存在する。 ・米国調査会社のギャラップ社による顧客エンゲージメント率方式では、「顧客エンゲージメントの4レベル分類」に従い次のように算出される。 ・顧客エンゲージメント率 ＝ 完全にエンゲージメントしている顧客 ÷ 積極的にエンゲージメントしていない顧客

図表18・6に示すものを始めとして、顧客生涯価値の計算式や測定方法は様々な方法が存在します。ここで「平均顧客維持期間」としては向こう3〜7年先を対象とする場合が一般的です。

3）顧客エンゲージメント

顧客満足関連の伝統的なKPIとしては、顧客満足度調査などに基づく「顧客満足度」がありますが、「顧客エンゲージメント（Customer engagement）」は、顧客がどれほど自社にエンゲージしている（魅了されている）かについて測るKPIです。

米ゼロックスが1990年代の中ごろに実施した調査では、忠実に契約を継続しているのは「非常に満足している」顧客であり、「満足している」と回答した顧客の実に25％以上が契約終了時点で非継続となり、「エンゲージメント」つまり顧客によるゼロックス（業者）との関係の捉え方と連動していることがわかったとされ、顧客エンゲージメントの重要性が指摘されています。

競争の激しい業界における、顧客の満足の程度とロイヤルティの関連を示した「サティスファクション対ロイヤルティ・カーブ（満足度対忠誠度曲線）」（**図表18・8**）上で、最も重要なカスタマー・グループは、グラフの右上に位置する「伝道者」とその下の「疑似伝道者」であり、これに加えて不満を言い触らす「テロリスト」にも注意を要するとしています。（参照：ヘルスケット、サッサー、シュレジンジャー著『カスタマー・ロイヤルティの経営』）

また、**図表18・7**の算定方式で紹介した「ギャラップ社の顧客エンゲージメント4レベル分類」とは、次のような内容になっています。

「レベル4」完全にエンゲージメントしている：感情的に結びついており、理性的に忠誠である。最も価値のある顧客である。

「レベル3」エンゲージメントしている：感情的なエンゲージメントの感動を覚え始めている。

「レベル2」エンゲージメントしていない：感情的にも理性的にも中立である。

「レベル1」積極的にエンゲージメントしていない：感情的に距離を置き、積極的に敵対する。

図表18.8　サティスファクション対ロイヤリティ・カーブ

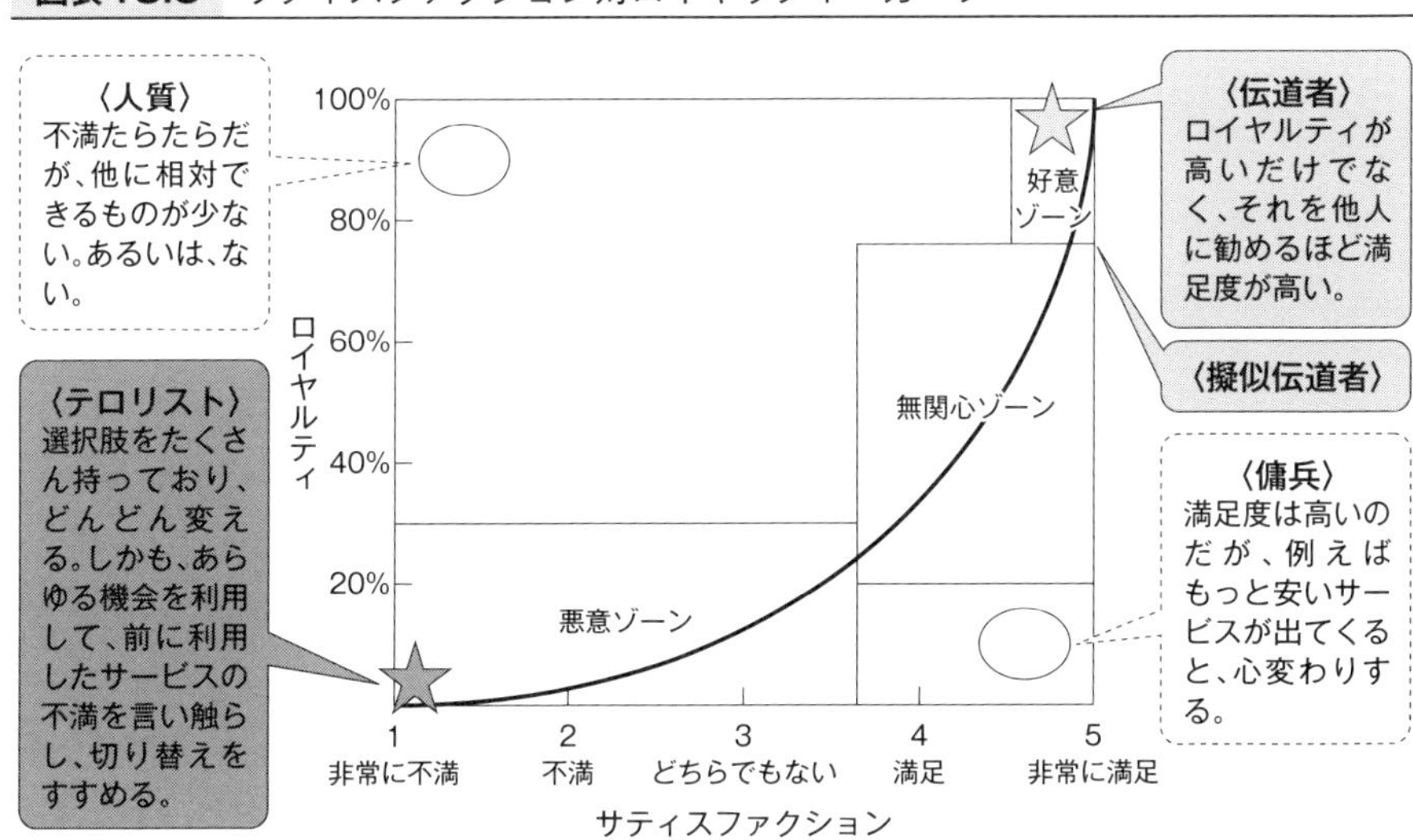

（参照：ヘルスケット、サッサー、シュレジンジャー著『カスタマー・ロイヤルティの経営』）

「顧客エンゲージメント」と類似したKPIに、「ネットプロモータースコア／NPS（Net promoter score）」（Bain & Company他の登録商標）があります。

4）ブランド資産

ブランドとは、消費者の行動に影響を与え、ブランド・オーナー（企業）に持続可能な将来収益をもたらすことのできる能力を言います。

「ブランド資産（Brand equity）」とは、ブランドが製品またはサービスに付加する価値（プラスまたはマイナスの双方）を意味します。

対象となるブランドのレベルにより、次のような測定方法があります。

① 企業レベル：無形資産としての価値を測定する。

② 製品レベル：無名ないしプライベートブランド／製品と、それと同等のブランド製品との価格の差額を測定する。

③ 消費者レベル：認知度とブランドイメージを測定する。

図表18.9 ブランド資産（KPIディクショナリー）

KPI名称	ブランド資産（Brand equity）
視点	顧客の視点
目的	ブランドからもたらされる将来価値の測定
定義	ブランドが製品またはサービスに付加する価値（プラスまたはマイナス）を指す。
単位	該当なし
計算式／測定方法	測定対象となるブランドのレベルにより、次のような方法がある。 ①企業レベル：無形資産としての価値を測定する。 ②製品レベル：無名ないしプライベートブランド／製品と、それと同等のブランド製品との価格の差額を測定する。 ③消費者レベル：認知度とブランドイメージを測定する。

ブランド資産は最終的に、価格プレミアム、長期にわたるロイヤルティ、そしてマーケットシェアの三つの方法により具現化されることになります。（参照：Marr "Key Performance Indicators"）

福

第19章 バリューチェーンの視点のKPI

19.1 バリューチェーンの視点を理解する

1) バリューチェーンの視点の考え方

「バリューチェーンの視点（Value Chain Perspective）」は、財務の視点と顧客の視点のニーズに応えるべく、マネジメントが対策を講じる「内部の視点」に属します。（**図表19・1**）

BSCでは、この「内部」という点を意識して、フルネームでは「内部業務プロセスの視点（Internal Business Process Perspective）」と呼ばれています。組織内のバリューチェーン全体を、更にはサプライチェーンの上流と下流を含むサプライチェーン全般を視野に入れて、パートナーとのコラボレーションやM＆Aなどを考慮した上で、内部的な活動／機能を描き、測定することが重要です。

ＫＰＩについては、日本企業の場合は、製造業を中心に、ＴＱＣ／ＴＱＭ（総合的品質管理）が普及したこともあり、購買、製造や品質管理の領域の「業務レベルのＫＰＩ」（7・2-3）項参照）の候補となるＫＰＩが数多く開発され、運用されている領域です。

2) バリューチェーンの視点のフレームワーク

① サプライチェーンとバリューチェーン

まず、**図表19・2**の下部から見てみましょう。

図表19.1　バリューチェーンの視点のKPI

MAP

財務(F)

顧客(C)

バリューチェーン(VC)

経営資源(MR)

ESG

〈KPI設計のポイント〉
- 視点間、視点内の目的間の相互関係を重視する。
- 目的第一、KPI第二を旨とする。
- 財務の視点と顧客の視点への価値を創り出し提供するために、外部パートナーとのコラボレーションが重要である。
- 「Q,C,D＋」の観点で測る。
- バリューチェーンやサプライチェーンのフレームワークを活用する。
- 「サプライチェーン」にまで視野を広げる。

図表19.2　バリューチェーンの視点のテンプレート（サプライチェーンとバリューチェーン）

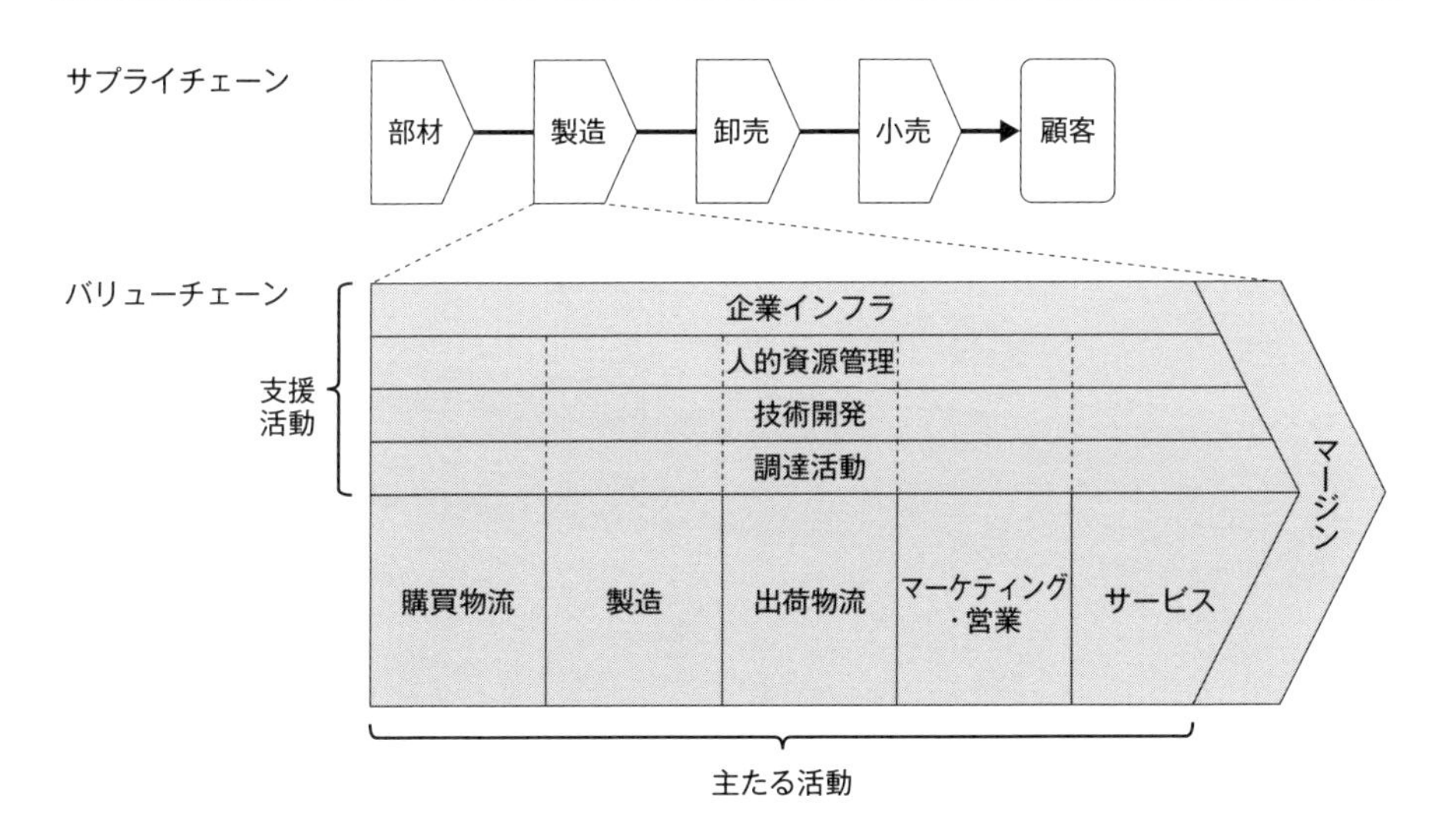

これが、ポーターが提唱した「バリューチェーン（価値連鎖）」の図です。製造業の場合を例にとれば、購買物流からマーケティング・営業、そしてサービスまでの直接業務と、財務や人的資源などのシェアード・サービス（支援プロセス）がバリューチェーンを構成する要素です。それらの活動によって生じたコストの合計から、顧客が価値を認めて支払った対価である売上高を差し引いた値が、右端に示されているマージンとなるように、組織体のバリューチェーンの全体像を示した図です。

図表19・2の上部は、「サプライチェーン（供給連鎖）」を示しています。原材料から最終消費者に届ける製品までの全ての工程を事業領域としてカバーする企業はめったに存在しません。そこで、サプライチェーンのプレイヤー間で情報を共有して、在庫を最適化することにより、キャッシュフローを増やすしくみとしてサプライチェーン・マネジメント（供給連鎖管理）が発展してきました。

② バリューチェーンの視点のリファレンス

バリューチェーンの視点のリファレンスとして活用できるフレームワークを幾つか紹介しておくことにしましょう。

- バリューチェーン：ポーターによる価値連鎖活動を明確にするフレームワーク
- オリバー・ワイトの「クラスAチェックリスト」：オリバー・ワイト社によるプロセスのアセスメント項目とベストプラクティスを示した約５８０項目から構成されたチェックリスト
- ＳＣＯＲ（スコア：Supply-Chain Operations Reference-model）：米サプライチェーンカウンシル（ＳＣＣ）が開発しているサプライチェーン関連のビジネスプロセスの標準化を目指したモデル

③ S&OP（セールス・アンド・オペレーションズ・プランニング）

Ｓ&ＯＰ（Sales and Operations Planning：エス・アンド・オー・ピー）は、１９８８年にリングとゴダードにより提唱された戦術レベルの需給

図表19.3　バリューチェーンの視点のKPI

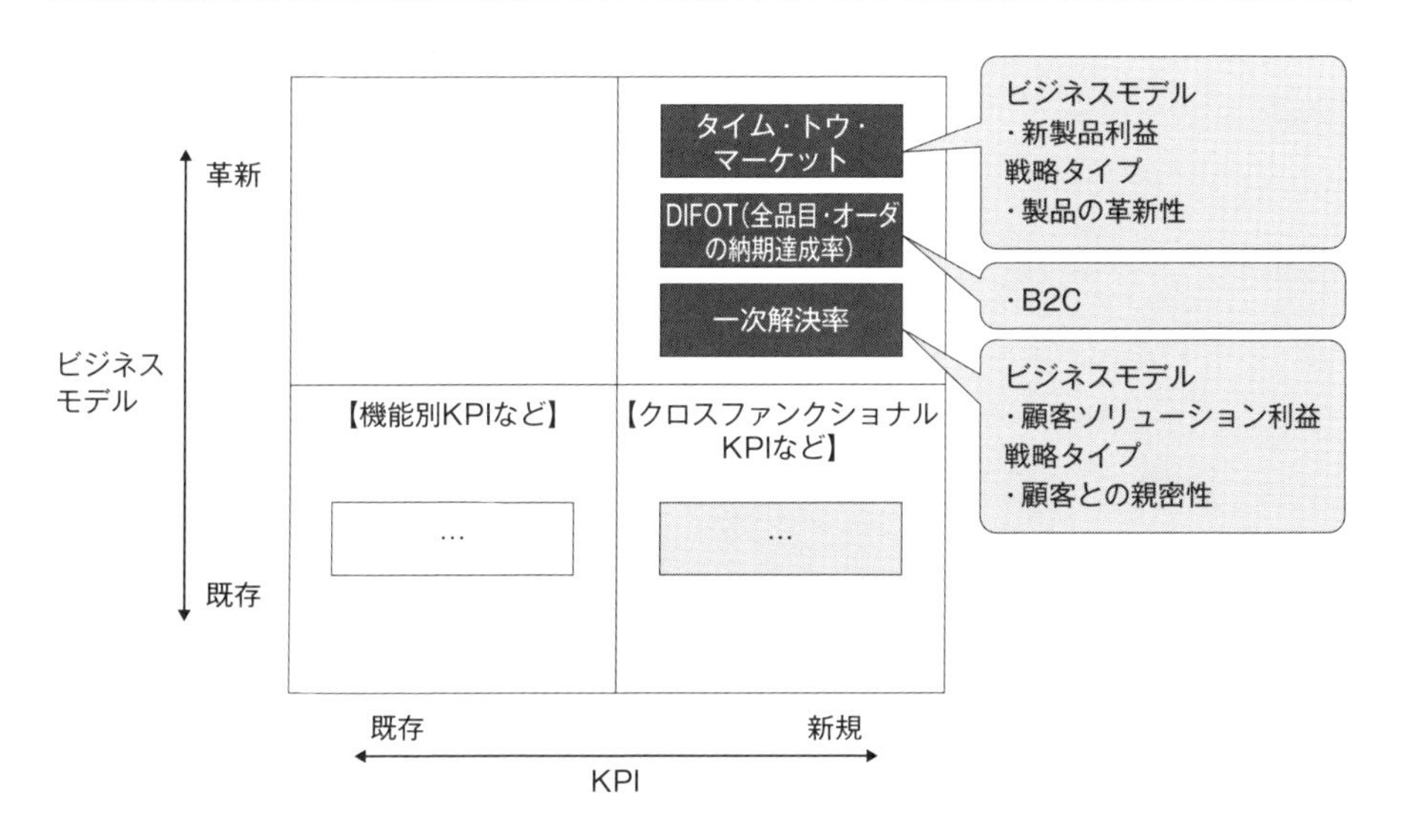

マネジメントのコンセプトです。グローバル化の進展によりグローバル企業のサプライチェーン関連の計画機能として普及しています。

著者は、S&OPを次のように定義しています。「トップマネジメントと機能部門のミドルマネジメントが参画し、製品／サービスの需要と供給を継続的にバランスさせる戦術レベルの情報共有と意思決定プロセスです。このプロセスを通じて、戦略と業務の連携、需要と供給そして財務を含む機能部門間の連携が促進される。」

S&OPプロセスでは、各サブプロセスを通じて、「S&OPスプレッドシート」や「S&OPダッシュボード」によって、事業計画、需要と供給、在庫や受注残の計画の達成度などについて、KPIのモニタリングが実施されます。

なお、S&OPの詳しい解説については、拙著『S&OP入門』を参照してください。

3）バリューチェーンの視点の新たなKPI

図表19・3の四象限の図表の中で、左下の象限は「既存のKPI」の領域です。購買や製造、販売そして経理といった機能別に設定された多くの

まります。

右下の象限は、既存のＫＰＩを補完したり、置き換えるＫＰＩの領域です。機能別ＫＰＩに対して、Ｓ＆ＯＰがモニタリングするＫＰＩなどを含む「機能横断的ＫＰＩ」（7・2-4)項）が該当するでしょう。

右上の象限は、革新的なビジネスモデルの業績管理に用いられる「新規のＫＰＩ」の領域です。ビジネスモデル・パターンの「新製品利益モデル」を測定する「タイム・トウ・マーケット」や「Ｂ２Ｃのビジネスモデル」を測定する「ＤＩＦＯＴ（全品目・オーダの納期達成率）」そして「顧客ソリューション利益モデル」を測定する「一次解決率」といったＫＰＩが該当するでしょう。

前述の「バリューチェーンの視点のテンプレート」の構成を参照して、**図表19・4**にバリューチェーンの視点の「目的」を測るのに参考になるＫＰＩを幾つかリストしておきます。

図表19.4　バリューチェーンの視点の主なKPIリスト

カテゴリー（テーマ、目的）	KPI
1）プロセス全般（S & OP）	販売計画・実績差異が許容誤差以内の製品ファミリー数
	供給計画・実績差異が許容誤差以内の製品ファミリー数
	事業計画で設定された標準に対する顧客オーダ全ラインアイテム納期遵守率
2）革新プロセス	売上高資本的支出率
	イノベーション投資収益率
	新製品売上高比率
	新製品売上高利益率
	特許申請件数
	特許の平均年数
	新製品開発の成功件数／率
	新製品開発件数（計画比、競合会社比）
	売上高研究開発費比率
	タイム・トウ・マーケット★
	イノベーションパイプライン強度
3）調達	サプライヤー納入実績
	サプライヤー・リードタイム
4）製造	シックスシグマレベル
	設備稼働率
	プロセス無駄レベル
	在庫回転率
	棚卸差損率
	直行率
	手直しレベル
	品質指数
	総合設備効率
	プロセス／マシンダウンタイムレベル

5）物流	運行効率
	誤ピッキング率
	共同物流導入率
6）マーケティングと販売	コスト・パー・リード
	顧客転換率
	顧客注文充足サイクルタイム／OFCT
	顧客注文サイクルタイム
	全品目・オーダの納期達成率／DIFOT★
（オンライン関連KPI）	検索ランキング（キーワード別）とクリック率
	ページビューと直帰率
	オンライン顧客のエンゲージメントレベル
	オンライン広告投入量シェア／OSOV
	ソーシャルネットワーキングフットプリント
	クラウトスコア
7）アフターサービス	サービスの質
	問題処理時間
	一次解決率／FCR★
8）プロジェクト	出来高指標／EVメトリック
	プロジェクトスケジュール差異
	プロジェクトコスト差異

注）★印を付したKPIについては、次節の「KPIディクショナリー」で概要とスポット解説を付してあります。

19.3 バリューチェーンの視点のKPIディクショナリー

1）タイム・トウ・マーケット

「タイム・トウ・マーケット（Time to market）」は、新製品開発リードタイムとも呼ばれ、製品化するまでに要する時間を指します。

設計から製造そして物流までを含めたバリューチェーンを串刺しする「機能横断的（クロスファンクショナル）ＫＰＩ」に該当します。特に、製品の革新性という顧客価値提案を採用しているビジネスモデルを指向する場合には、「トランスフォメーショナルＫＰＩ」となります。

タイム・トウ・マーケットに係る時間の定義に決まったものはありませんが、

①「開始時間」については、製品アイディアの概念化が承認された時点とする場合や、新製品開発プロジェクトへ要員が配属された時点とする場合などがあります。

②「終了時間」については、設計から製造へ移った時点とする場合から、新製品を初めて出荷した時点、顧客が購入した時点など様々です。自組織の方針を明確にし、継続的に運用することが重要です。

また、タイム・トウ・マーケットを重視するあまり品質への配慮を怠ると、リコールや会社のレピュテーションを大きく毀損することにもなるので、気をつける必要があります。

2）全品目・オーダの納期達成率（DIFOT）

宅配便サービスを始めとして、Ｂ２Ｃ（企業対消費者）取引に対応するための直納のディストリビューション・チャネルの充実も相まって、Ｂ２Ｃのビジネスモデルが急速に発展してきています。

Ｂ２Ｃのビジネスモデルの納期達成率を測るＫ

図表19.5　タイム・トウ・マーケット（KPIディクショナリー）

KPI名称	タイム・トウ・マーケット（Time to market）
視点	バリューチェーンの視点
目的	新製品や新サービスをいかに速く市場に投入しているかを測る。
定義	製品アイディアの概念化から、出荷準備を完了するまでの時間。
単位	期間（日数、週数、月数など）
計算式／測定方法	・製品アイディアの概念化から、出荷準備を完了するまでの時間とする。 ・タイム・トウ・マーケットを測定する標準的な計算式は存在しない。

図表19.6　全品目・オーダの納期達成率（KPIディクショナリー）

KPI名称	全品目・オーダの納期達成率（Delivery in full, on time）／DIFOT
視点	バリューチェーンの視点
目的	顧客が望んだものを望んだ時間帯に入手できたかを測る。
定義	出荷した品目またはオーダの合計数の内、全ての品目またはオーダが納期通りに納入された合計数の割合。
単位	%
計算式／測定方法	DIFOT ＝ 全ての品目またはオーダが納期通りに納入された合計数 ÷ 出荷品目またはオーダの合計数

図表19.7　一次解決率（KPIディクショナリー）

KPI名称	一次解決率（First contact resolution）／FCR
視点	バリューチェーンの視点
目的	顧客の疑問を初回のコンタクトでいかに効率的に解決しているかを測る。
定義	コールセンタなどが、顧客からの疑問に対して、初回のコンタクトで解決した割合。
単位	%
計算式／測定方法	いくつかの測定方法がある。 ①コール統計： FCRコール統計 ＝（質問の合計数 ÷ 電話の合計回数）× 100 ②エージェント・ログ： FCRコール統計 ＝（初回のコンタクトで解決した事件の数 ÷ 事件の合計回数）× 100 ③顧客調査： FCR ＝（初回のコンタクトで解決したとする回答数 ÷ 調査合計回答数）× 100

PIが、「全品目・オーダの納期達成率（Delivery in full, on time）／DIFOT」で、出荷した品目またはオーダの合計数の内、全ての品目またはオーダが納期通りに納入された合計数の割合を指します。

このDIFOTは、バリューチェーンを串刺しする「機能横断の（クロスファンクショナル）KPI」であり、その改善、改革に向けては、

① 顧客オーダを充足し、顧客の期待に応える組織の能力
② 内部のバリューチェーン・プロセスに加えて、サプライチェーンの能力

の向上が必要になります。

3) 一次解決率

「一次解決率／FCR（First contact resolution）」は、コールセンタなどが、顧客からの疑問に対して、初回のコンタクトで解決した割合です。

この一次解決率については、「疑問や問題を解決できなかった顧客」の約34%が競争相手に乗り換える可能性が高まる。また一次解決できなかったことに起因するコストがコールセンタの総運用コストの最低30%にも上るとの調査結果が報告されているなど、その重要性が高まっています。

コール統計やエージェント・ログ、そして顧客調査などの測定方法があり、通常は、週次などでモニタリングされます。

一次解決率を使用するに当たっては、「回答の平均スピード」、「平均通話時間」そして「断念率」などの他のKPIとの文脈から総合的に判断する必要があります。

第20章 経営資源の視点のKPI

20.1 経営資源の視点を理解する

1) 経営資源の視点の考え方

「経営資源の視点（Management Resource Perspective）」は、視点としては「内部の視点」であり、人的資本や組織資本そして情報資本などの知的資本を含むため、顧客の視点と同様にKPIによる定量化が難しい領域です。BSCでは「学習と成長の視点（Learning and Growth Perspective）」と呼ばれています。（**図表20・1**）

バリューチェーンの視点で取り上げた重要な活動を実施するためには経営資源が必要となります。例えば受注活動なら、人的資本である営業担当が行ったり、インターネット経由で情報資本であるICTが処理するように、バリューチェーン上の活動を実行するために必要とされる経営資源をマネジメントする領域です。

2) 経営資源の視点のフレームワーク

図表20・2は、経営資源の視点で取り扱う経営資源の範囲と諸資本の分類に関するいくつかの考え方を示しています。

① BSCの分類

BSCでは、「学習と成長の視点」という名称を用いていますが、下記の三つの資本から成る「知的資本」を取り上げています。

図表20.1　経営資源の視点のKPI

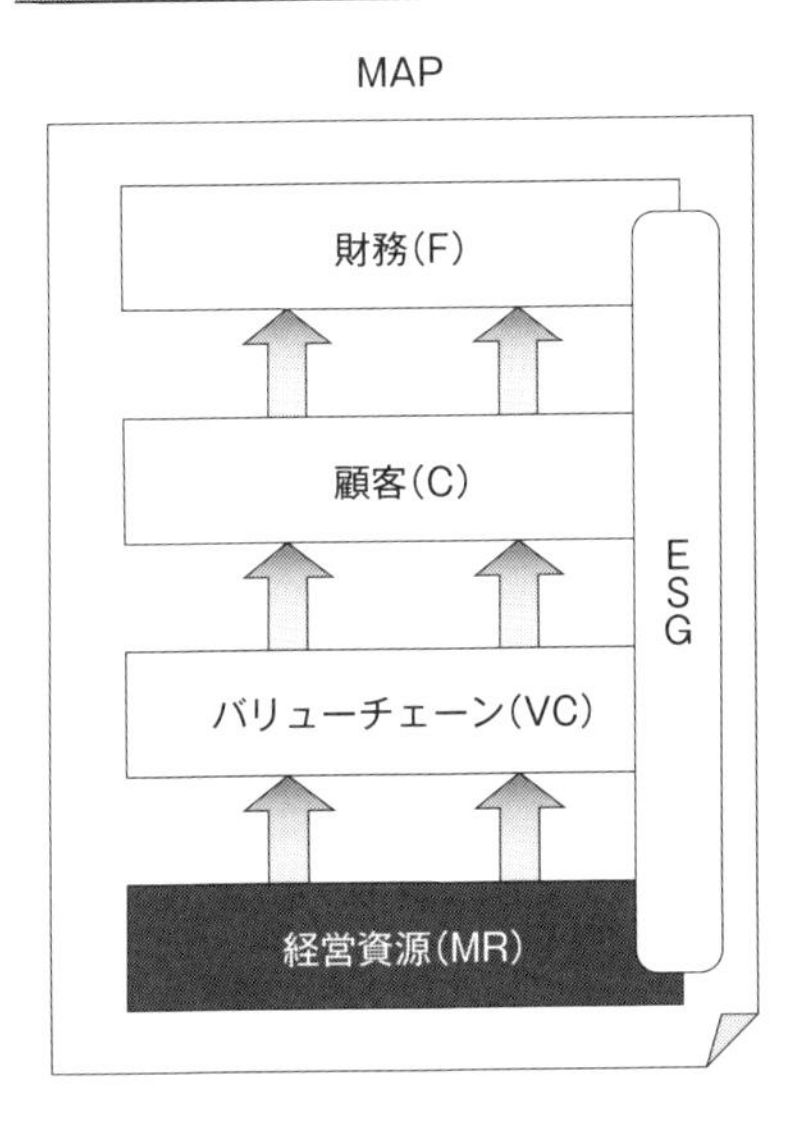

〈KPI設計のポイント〉
- 視点間、視点内の目的間の相互関係を重視する。
- 目的第一、KPI第二を旨とする。
- 価値創造プロセスにおける「無形資産」や「知的資本」の重要性を認識する。
- 定量化が難しいソフトKPIが多い。
- IIRCによる資本の6分類など全般に視野を広げる。

図表20.2　経営資源の視点のフレームワーク

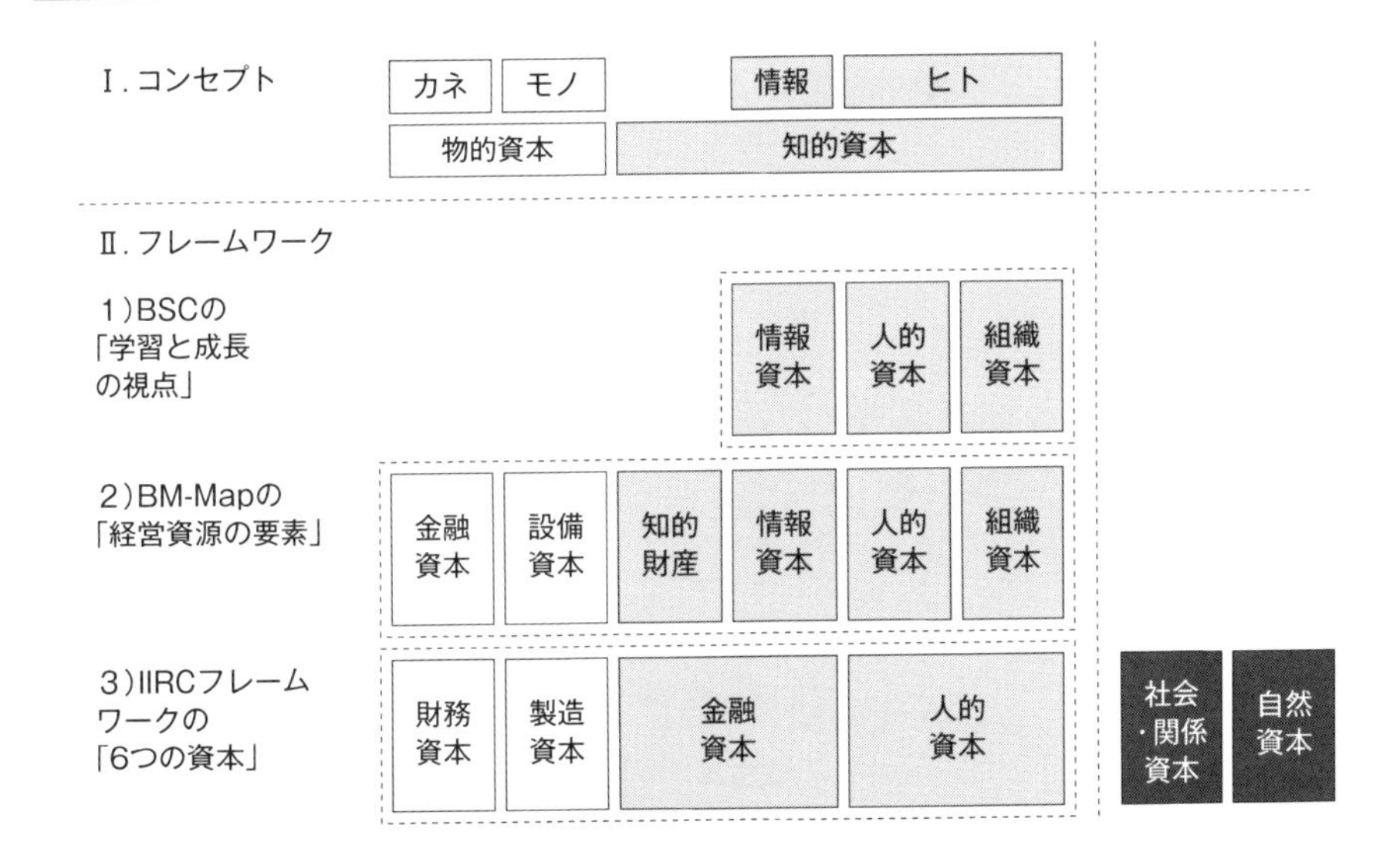

・情報資本（ＩＣ）：インフラシステム、データベース、ネットワーク、アプリケーションシステムなど
・人的資本（ＨＣ）：個人の知識、スキル、価値観など
・組織資本（ＯＣ）：リーダーシップ、チームワーク、企業文化など

つまり、組織体のバリューチェーンの源泉が、知的資本にあることを強調するフレームワークになっているのです。

② **ＢＭ―Ｍａｐの分類**

ＢＭ―Ｍａｐでは、「ヒト、モノ、カネ、そして情報」といった経営資源を、金融資本（カネ）、設備資本（モノ）に加えて、企業価値の源泉としてその重要性が高まっている「知的資本」を取り上げ、それを特許権などの知的財産、情報資本（情報）、人的資本及び組織資本（ヒト）に分けて検討し記述するように構成されています。

③ **ＩＩＲＣの分類**

国際統合報告協議会（ＩＩＲＣ）では、**図表20・3**にまとめたように、資本を六つに分類することを提案しています。ＩＩＲＣが、共有された規範やステークホルダーとの関係などの「社会・関係資本」と、空気、水などの「自然資本」を明記しているのは、統合報告がＥＳＧ（環境・社会・ガバナンス）関連のレポートと財務レポートとの統合を意図しているためです。（統合報告については、第３章を参照）

「ＭＡＰ」では、「②ＢＭ―Ｍａｐ」の分類を採用しています。

この「経営資源の視点のフレームワーク」の構成を参照して、**図表20・4**では、特に、情報資本、人的資本、そして組織資本に的を絞って、参考になる主なＫＰＩを幾つかリストしてあります。

図表20.3　国際統合報告協議会（IIRC）の「資本の6分類」

資本	財務	製造	知的	人的	社会・関係	自然
Capital	Financial	Manufactured	Intellectual	Human	Social and relationship	Natural
定義	資金のプール	製造された物体（自然の物体と区別される）	組織の知識ベースの無形資産	人々のコンピテンス、能力と経験、そしてイノベーションに対するモチベーション	個々のコミュニティ、ステークホルダーグループそして他のネットワーク組織内または相互の関係、及び個別的及び集合的な幸福を高めるために情報を共有する能力	全ての再生可能及び再生不可能な環境資本とプロセス
例示		建物、設備、インフラ（道路、港、橋、廃棄物水処理プラントなど）	・知的資産（特許、著作権、ソフトウェア、権利及びライセンスなど） ・「組織資本」（暗黙知、システム、手続とプロトコルなど）	・組織のガバナンスフレームワーク、リスク・マネジメントアプローチ、そして倫理観への連携と支持 ・組織の戦略を理解し、開発し、実践する能力 ・プロセス、商品そしてサービスの改善への忠誠心とモチベーション	・共有された規範、共通の価値や行動 ・主要なステークホルダーとの関係 ・ブランドや評判に係わる無形資産	・空気、水、土地、鉱物 ・生物多様性とエコシステムの健全性

注）「I〈IR〉フレームワーク」【2.15】他に基づき作成
（出典：松原恭司郎『図表「統合報告」の読み方・作り方』）

図表20.4 経営資源の視点の主なKPIリスト

カテゴリー（テーマ、目的）	KPI
1）情報資本	情報資本アプリケーションの戦略的レディネスの状態
	ITインフラの戦略的レディネスの状態
	戦略的情報カバレッジ率（リアルタイム処理業務比率、顧客情報オンライン化比率）
	IT開発費
	ITコスト比率
	従業員当たりIT能力（CPUとDASD）
2）人的資本	
＊アウトプット（財務）	人的資本が生み出した付加価値
	従業員生産性（従業員当たり売上高）
＊アウトプット（非財務）	従業員満足度（参画意識、不平不満、ストレス指標、異動願い件数）
	従業員エンゲージメントレベル★
	忠誠心
	従業員による自社推薦度
	従業員定着率（従業員回転率）
	従業員離職率（自己都合退職率）
	従業員平均在職期間
	欠勤ブラッドフォードファクター★
＊プロセス	360度評価スコア
	採用に要する時間
	教育とスキル（教育時間数、教育コスト、個別スキル・インデックス）
	トレーニングの投資利益率
3）組織資本	従業員調査（顧客志向。ミッション、ビジョン、バリューの理解。戦略認知）
	組織風土調査
	ベストプラクティス共有量
	従業員の配転比率
	提案実施件数
	従業員当たり提案件数

注）★印を付したKPIについては、次節の「KPIディクショナリー」で概要とスポット解説を付してあります。

20.3 経営資源の視点のKPIディクショナリー

1）従業員エンゲージメントレベル

伝統的な「従業員満足度調査（Employee satisfaction survey）」は、従業員の満足度が高い要因が、組織のミッションやビジョンの実現に熱心であるということではなく、給料や福利厚生が良いなどに起因しているケースもあるなど課題がありました。

「従業員エンゲージメントレベル（Employee engagement level）」は、この従業員満足度が抱える課題に対する処方箋となる「トランスフォメーショナルKPI」です。

従業員エンゲージメントレベルで、従業員による、業績、生産性そして究極的には持続可能な財務成績への貢献度を評価することによって、積極的にエンゲージしているのか、はたまた受動的に満足しているのかを判断することができます。

代表的な調査方法として、ギャラップ社が開発した12項目の質問から構成される従業員エンゲージメントレベル調査などがあります。（参照：Marr "Key Performance Indicators"）

2）欠勤ブラッドフォードファクター

欠勤は、法的欠勤や公認の欠勤、そして無断欠勤に分けられます。そして、欠勤は業務の中断とコスト増をもたらします。欠勤によるコストには、代替要員や残業代、そして他の従業員に与える影響、医療費負担などがあります。

「欠勤ブラッドフォードファクター（Absenteeism Bradford factor）」は、繰り返される短期の欠勤によって引き起こされる、組織のパフォーマンスに対する不相応な混乱のレベルを把握することにより、欠勤の傾向をモニタリングし、個人の欠勤状況の見直すべき引き金を提供します。（参照：Marr "Key Performance Indicators"）

図表20.5　従業員エンゲージメントレベル（KPIディクショナリー）

KPI名称	従業員エンゲージメントレベル（Employee engagement level）
視点	経営資源の視点
目的	従業員が、組織のミッションやビジョンの実現にどれほどコミットしているかを測る。
定義	従業員による、業績、生産性そして究極的には持続可能な財務成績への貢献度を評価するメカニズム。
単位	レベル
計算式／測定方法	ギャラップ社が開発した従業員エンゲージメントレベル調査の場合、従業員が12の質問に回答することにより、「積極的にエンゲージしている。エンゲージしている。エンゲージしていない。まったくエンゲージしていない。」の四つにレベル分けされる。

図表20.6　欠勤ブラッドフォードファクター（KPIディクショナリー）

KPI名称	欠勤ブラッドフォードファクター（Absenteeism Bradford factor）
視点	経営資源の視点
目的	従業員の無断または計画外欠勤のマネジメント
定義	・「繰り返される短期の欠勤」によって引き起こされる組織のパフォーマンスの乱のレベルを、「単発で長期の欠勤」と区別してモニタリングし、個人の欠勤状況の見直すべき引き金を提供する。 ・英国のブラッドフォード大学経営大学院により開発されたとされています。
単位	スコア
計算式／測定方法	一定の期間中の、個人の欠勤状況につき； ブラッドフォードファクター ＝ Dt × Et × Et Dt ＝計画外欠勤日数の合計 Et ＝欠勤の回数

第21章 ESGのテーマのKPI

21.1 ESGのテーマを理解する

1）ESGのテーマの考え方

ESG（Environment, Social, Governance：環境・社会・ガバナンス）は、これまで検討してきた四つの視点のように視点ではなく「テーマ」と捉えることが適切であると著者は考えています。

（図表21・1）

環境やCSR（企業の社会的責任）そしてESGへの関心の高まりから、経営戦略にこれらを積極的に取り入れる動きがあります。BSCの領域では、この環境やCSRをどのように取り扱うかについて15年ほど前から、盛んに議論がなされてきました。これらを独立した視点とする方法と戦略テーマとする方法の大きく二つの方法が考案され、実践されてきましたが、著者が視点ではなく「テーマ」であると考えています。

ESGの中の環境を例にとり、考えてみることにしましょう。

① 環境に配慮する組織風土の養成や、環境に配慮した活動を実行できる人材の養成、グリーンIT（省電力や熱対策など、環境に配慮したIT化の取り組み）などは「経営資源の視点」です。

② 環境に配慮した製品開発や生産、物流は「バリューチェーンの視点」です。

図表21.1　ESGのテーマのKPI

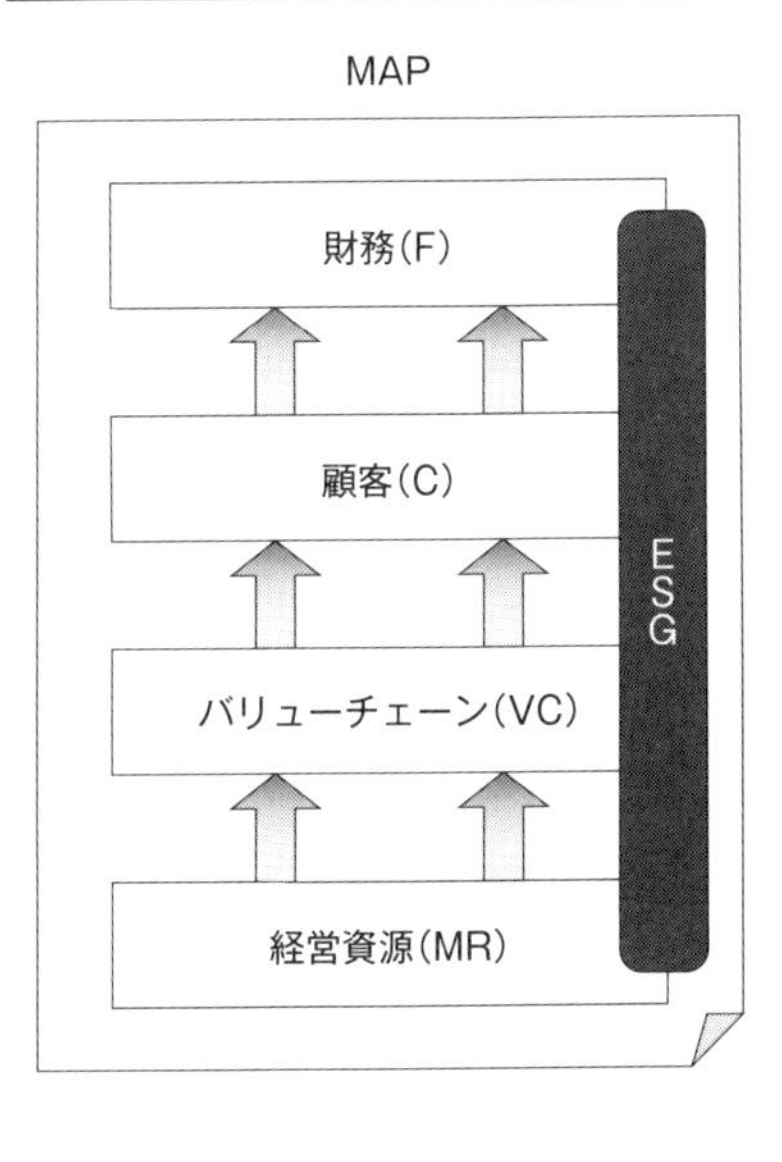

〈KPI設計のポイント〉
- ESGは、四つ視点を跨る「テーマ」としてとらえる。
- テーマに係る、視点間、視点内の目的間の相互関係を重視する。
- 目的第一、KPI第二を旨とする。
- 「CSV（共通価値の創造）」のコンセプトを考慮する。
- ESGに係るガイドラインを考慮する。

③　環境に配慮した製品を求める顧客層への価値提案は「顧客の視点」です。

④　環境に配慮することによるコスト増や、環境に配慮した製品への需要増による売上の拡大、そして環境に配慮する企業に積極的に投資する社会的責任投資（ＳＲＩ：Socially Responsible Investment）は「財務の視点」にそれぞれ位置づけられます。

このように、環境やＣＳＲそしてＥＳＧについては、その内容が「四つの視点」と密接に係っているため、これらを独立した視点としようとすると、その中には、既存の四つの視点が入り込んできて入れ子状態になり、混乱を起こす結果となってしまいます。

このようなことから著者は、ＥＳＧのＭＡＰ上における取扱いとしては、社会的価値への貢献を重視するビジネスなど、特に「社会の視点」を財務の視点の上に区分表記する方がよいケースなどを除いて、「テーマ」として取り扱う方法が実践的、かつ有効であるとの方針をとっています。

2）ESGのテーマのフレームワーク

ESGを理解するに当たって参考になるいくつかのコンセプトやガイドラインを見てみることにしましょう。

① CSR（企業の社会的責任）

「CSR」は、Corporate Social Responsibilityの略語で、「企業の社会的責任」と訳されています。欧州委員会が発表した新たなCSRの定義によれば、

CSRとは、

・企業の社会への影響に対する責任であり、
・株主と広く社会やその他のステークホルダーとの間で「共通価値の創造」を最大化すること、
・企業の潜在的な悪影響を特定、防止、軽減すること

を目的としています。

② CSV（共通価値の創造）

「共通価値の創造（CSV：Creating Shared Values）」は、マイケル・ポーターとマーク・クラマーが提唱したCSRの新たなコンセプトです。

CSRは、企業の主要活動以外の社会貢献活動として捉えられており、CSRプログラムの多くは、企業の評判を高めるもので、いわば必要経費と考えられていました。これに対しCSVは、営利企業がその本業を通じて社会のニーズや問題の解決と、企業の経済的価値を共に追求し、かつその両者の間に相乗効果を生み出そうというものです。よく引用されるケースとして、食品大手ネスレは担保などの問題で融資を得られなかったコーヒー生産者に銀行ローン保証を付けることで、コーヒー生産者の生産性向上を図り、ネスレの利益が上がるだけでなく、生産地域の経済発展にもつなげているというものがあります。

③ GRI（グローバル・レポーティング・イニシアティブ）

「GRI（Global Reporting Initiative：グローバル・レポーティング・イニシアティブ）」は、「トリプル・ボトムライン」とも呼ばれる経済、環境、社会の3分野の評価を自主的に報告できる「サステナビリティ報告ガイドライン」の作成と

普及を目的とした非営利組織です。

「サステナビリティ報告ガイドライン」は、第1版が２０００年6月に、そして「Ｇ4ガイドライン」とも呼ばれている最新の第４版は、２０１３年5月に公表されています。

グローバル企業の多くがＧＲＩガイドラインに準拠しており、日本の環境省の「環境報告ガイドライン」も、このＧＲＩのガイドラインとの整合性を保っています。

ここで「サステナビリティ（sustainability）」とは、持続可能性と訳され、「環境と発展に関する世界委員会」が１９８７年に、将来の世代が自らの充足する能力を損なうことなく、現在の世代のニーズを満たすような発展を意味する「持続可能な発展」の概念を提唱したことに始まるとされています。

④　コーポレートガバナンス（企業統治）

金融庁の「コーポレートガバナンス・コード」（1・2節を参照）によれば、「コーポレートガバナンス（企業統治）」とは、「会社が、株主をはじめとする顧客・従業員・地域社会等の立場を踏まえた上で、透明・公正かつ迅速・果敢な意思決定を行うための仕組みを意味する。」とされています。

仕組みという意味では、ＭＡＰのフレームワーク上ではこの「ＥＳＧのテーマ」の下で、「経営資源の視点」の組織資本に該当します。

図表21.2 ESGのテーマの主なKPIリスト

カテゴリー（テーマ、目的）	KPI
1）環境	二酸化炭素排出量（カーボンフットプリント）
	CO_2削減貢献量
	ウオーターフットプリント★
	エネルギー消費
	再生資源利用率
	保全と改善努力による削減量
	サプライチェーンマイル
	廃棄物削減率
	廃棄物リサイクル率
	製品リサイクル率
2）社会	人権
	ダイバーシティー
	女性管理職比率
	海外の重要ポストに占める外国人比率
	地域社会との関係
	企業市民活動費支出
	政治献金
3）ガバナンス	役員報酬
	社外取締役比率

注）★印を付したKPIについては、次節の「KPIディクショナリー」で概要とスポット解説を付してあります。

21.3 ESGのテーマのKPIディクショナリー

図表21.3　ウオーターフットプリント（KPIディクショナリー）

KPI名称	ウオーターフットプリント（Water footprint）
テーマ	ESGのテーマ
目的	事業を行うに当たって環境保護をどの程度実施しているか
定義	企業が事業活動を行うに当たって、直接または間接的に使用する真水の総使用量を指す。
単位	水量
計算式／測定方法	企業のウオーターフットプリントは、二つの構成要素から成り立っている。 ①直接的使用量（製造や支援業務に係るウオーターフットプリント） ②間接的使用量（サプライチェーンに係るウオーターフットプリント）

1）ウオーターフットプリント

企業の「ウオーターフットプリント（Water footprint）」は、企業が事業活動を行うに当たって、直接または間接的に使用する真水の総使用量で、次の三つから構成されています。

① グリーンウオーターフットプリント：地中に水分として貯蔵されている雨水

② ブルーウオーターフットプリント：地表水および地下水

③ グレーウオーターフットプリント：既存の環境水質基準に基づき汚染負荷の吸収に必要となる真水の量

（参照：Marr "Key Performance Indicators"）

【報告書他】

■ International Integrated Reporting Council (2013) 'The International 〈IR〉 Framework' (2013) (日本公認会計士協会訳「国際統合報告フレームワーク　日本語訳」)

■ PwC (2015)「コーポレートパフォーマンス:投資家は何を知りたがっているのか？統合報告を活用して力強いストーリーを語る」

■経済産業省 (2014)「『持続的成長への競争力とインセンティブ』プロジェクト最終報告書 (伊藤レポート)」

■東京証券取引所 (2015)「コーポレートガバナンス・コードの策定に伴う上場制度の整備について」

■日本版スチュワードシップ・コードに関する有識者検討会 (2014)「『責任ある機関投資家』の諸原則《日本版スチュワードシップ・コード》」

主要参考文献

【書籍他】

■ Heskett, James L., W. Earl Sasser Jr., Leonard A. Schlesinger (1997) "The Service Profit Chain" The Free Press（ジェームズ・L. ヘスケット、W・アール・サッサー・ジュニア、レオナード・A. シュレジンジャー著、島田陽介訳（1998）『カスタマー・ロイヤルティの経営』日本経済新聞社）
■ Johnson, M. W. (2010) "Seizing the White Space" Harvard Business School Press（マーク・ジョンソン著、池村千秋訳（2011）『ホワイトスペース戦略』阪急コミュニケーションズ）
■ Marr, Bernard (2012) "Key Performance Indicators" Pearson（バーナード・マー著、SDL Plc 訳（2012 年）『マネジャのための KPI ハンドブック』ピアソン桐原）
■ Meadows, Donella (2008) "Thinking in Systems" Sustainability Institute（ドネラ・H・メドウズ著、枝廣淳子訳（2015）『世界はシステムで動く』）
■ Osterwalder, Alexander and Pigneur, Yves (2010) "Business Model Generation" John Wiley & Sons, Inc.（アレックス・オスターワルダー、イヴ・ピニュール著、小山龍介訳（2012）『ビジネスモデル・ジェネレーション』翔泳社）
■ Slywotzky, A. J. (2002) "The Art of Profitability" Mercer Management Consulting, Inc.（エイドリアン・J・スライウォツキー著、中川治子訳（2002）『ザ・プロフィット』ダイヤモンド社）
■ Spitzer , Dean R. (2007) "Transforming Performance Measurement" AMACOM
■ Treacy, Michael and Fred Wiersema (1997) "The Discipline of Market Leaders" Perseus Books（マイケル・トレーシー、フレッド・ウィアセーマ著、大原進訳（2003）『ナンバーワン企業の法則』日本経済新聞社）
■大津広一（2005）『企業価値を創造する会計指標入門』ダイヤモンド社
■広木隆（2014）『勝てる ROE 投資術』日本経済新聞出版社
■松原恭司郎（2000）『バランス・スコアカード経営』日刊工業新聞社
■松原恭司郎（2009）『S & OP 入門』日刊工業新聞社
■松原恭司郎（2010）『松原流：戦略マップ／BSC 実践教本』日刊工業新聞社
■松原恭司郎（2013）『ビジネスモデル・マッピング教本』日刊工業新聞社
■松原恭司郎編著（2014）『ビジネスモデル・マッピング・ケースブック』日刊工業新聞社
■松原恭司郎（2014）『図解「統合報告」の読み方・作り方』中央経済社
■山を動かす研究会編（2014）『ROE 最貧国　日本を変える』日本経済新聞出版社

（著者略歴）
松原　恭司郎　（まつばら　きょうしろう）

キュー・エム・コンサルティング取締役社長、公認会計士、情報処理システム監査技術者。

国際会計事務所系コンサルティング会社などを経て1992年に独立。バランス・スコアカード、ビジネスモデル、ERP関連のコンサルティング業務に従事。東北福祉大学兼任講師、元 中央大学大学院特任教授。

主な著書に『松原流：戦略マップ／BSC実践教本』(2010)、『ビジネスモデル・マッピング教本』(2013)いずれも日刊工業新聞社、『図解「統合報告」の読み方・作り方』(2014)中央経済社などがある。

連絡先：matsuqmc@blue.ocn.ne.jp

ROE重視のKPIマネジメント教本

NDC 336

2016年 1月25日　初版 1 刷発行　　（定価はカバーに表示してあります）

発行者　井水　治博
発行所　日刊工業新聞社
〒103-8548　東京都中央区日本橋小網町14-1
電　話　書籍編集部　03（5644）7490
販売管理部　03（5644）7410
F A X　03（5644）7400
振替口座　00190-2-186076
U R L　http://pub.nikkan.co.jp/
e-mail　info@media.nikkan.co.jp
本文デザイン・DTP——新日本印刷（株）
印刷・製本——新日本印刷（株）

落丁・乱丁本はお取り替えいたします。
2016 Printed in Japan
ISBN　978-4-526-07508-7　C3034

〈日刊工業新聞社の好評図書〉

【松原流】戦略マップ／BSC〈バランス・スコアカード〉実践教本

松原 恭司郎 著　A5判 314頁 定価（本体2200円＋税）

トップコンサルタントが15年に及ぶ豊富な指導経験をもとにその実践的なナレッジを直伝する、バランス・スコアカードを極める本格的な一冊。戦略マップ／ＢＳＣの理論とフレームワークの基本を正しく理解できる「守」、それらを活用して戦略マネジメント上の成果を得る「破」、そして応用・活用を説いた「離」の3部構成。せっかく学んだ理論を本当に事業に活かしたいならば、この本がおすすめです。

目 次

守（基本）の部　戦略マップ／ＢＳＣ理論の基本を押さえる
- レッスン１ ＢＳＣの定義と目的を押さえる
- レッスン２ 戦略マップ／ＢＳＣで戦略を見える化しマネジメントする
- レッスン３ 戦略マップの原則を修得する
- レッスン４ 戦略マップのテンプレートを修得する
- レッスン５ ＢＳＣ／スコアカードとアクション・プランの構造を修得する
- レッスン６ 本家ＢＳＣ本の読み方

破（実践）の部　戦略マップ／ＢＳＣを活用し戦略マネジメントを回す
- レッスン７ 戦略マップ／ＢＳＣの段階的導入
- レッスン８「Ⅰ・戦略の策定」ステップの落とし穴と留意点
- レッスン９「Ⅱ・戦略の記述（その１：戦略マップの作成）」ステップの落とし穴と留意点
- レッスン10「Ⅱ・戦略の記述（その２：ＢＳＣとアクション・プランの作成）」ステップの落とし穴と留意点
- レッスン11「Ⅳ・戦略のモニタリングと学習」と「Ⅴ・戦略の検証と改造」ステップの落とし穴と留意点
- レッスン12 戦略マネジメントをうまく回す
- レッスン13 戦略マネジメントから統合マネジメントへ

離（応用）の部　戦略マップ／ＢＳＣの理論とフレームワークを様々な局面で活用する
- レッスン14 四つの視点にメスを入れる
- レッスン15 戦略とマネジメントの整理棚として積極的に活用する
- レッスン16 統合マネジメント・システムを構築する
- レッスン17 組織分析のフレームワークとして活用する
- レッスン18 IT投資マネジメントに活用する

〈日刊工業新聞社の好評図書〉

ビジネスモデル・マッピング教本

―ビジネスモデルを見える化して改良・革新・戦略につなげる

松原 恭司郎 著　A5 判 244 頁 定価（本体 2200 円＋税）

ビジネスモデルを独自のツールによって見える化し、改良し、革新し、そして戦略へとつなげる方法を解説する本。ビジネスモデル・ツリー（BM-Tree）やビジネスモデル・マップ（BM-Map）などの戦略ツールを使い、ビジネスの成功事例を図面化してその手法を理解し、解析することで、それがあなたのビジネス戦略に生かせるようになる。あなたもビジネスモデル・マッピングを修得して「ビジネスモデル・マッパー」の一員になろう！

目 次

第1部 ビジネスモデル・マッピングの基礎
　第1章　ビジネスモデルの正体に迫る
　第2章　ビジネスモデル・マッピングのツールを手にする
第2部 ビジネスモデル・マッピングの実践（パートⅠ）
　第3章〈Case〉アップル
　第4章〈Case〉サムスン電子
　第5章〈Case〉アマゾン
　第6章〈Case〉ゼロックス
　第7章〈Case〉コマツ
第3部 ビジネスモデル・パターンの理解
　第8章　ICTが加速させたビジネスモデル・パターン
　第9章　バリューチェーン革新のビジネスモデル・パターン
　第10章　賢人が教える二十三種の「プロフィット・モデル」
第4部 ビジネスモデル・マッピングの実践（パートⅡ）
　第11章　衣料品業界のビジネスモデル対決
　第12章　航空業界のビジネスモデル対決
第5部 ビジネスモデル・マッピングのプロセス
　第13章　ビジネスモデルを評価する
　第14章　ビジネスモデルをイノベートする
　第15章　ビジネスモデルと戦略を連携させる

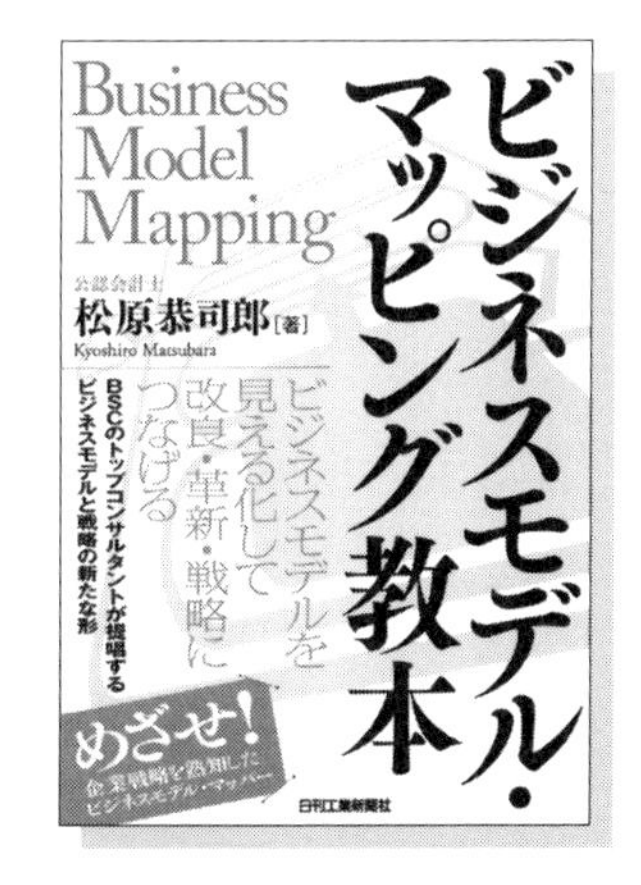